Elizza Erbstößer

Auguste Victoria

Die letzte deutsche Kaiserin

Die Autorin

Elizza Erbstößer studierte zunächst evangelische Theologie und Germanistik in Leipzig, Marburg und Frankfurt am Main. Anschließend arbeitete sie als Lehrerin, in der Lehrerausbildung und zwölf Jahre als Referatsleiterin im Hessischen Kultusministerium. Ein Studium der Mittleren und Neueren Geschichte an der Johann-Wolfgang-Goethe-Universität Frankfurt am Main schloss sich an. Mit einer Dissertation über Auguste Victoria wurde sie dort im Januar 2008 promoviert.

Impressum
Sutton Verlag GmbH
Hochheimer Straße 59
99094 Erfurt
http://www.suttonverlag.de

ISBN: 978-3-86680-249-0

Gestaltung und Herstellung: Markus Drapatz
Druck: Druckhaus „Thomas Müntzer“ | Bad Langensalza

Inhaltsverzeichnis

Ich habe Tage des Glücks gesehn,
sah Deutschlands Ruhm und Deutschlands Vergehn ...

Fahnenspruch Auguste Victorias im Antikentempel

SUTTON
VERLAG

Einleitung

„Da leuchtet die Prinzessin Augusta Victoria von Schleswig Holstein als eine schöne, graziöse liebenswürdige Erscheinung hervor, von vorzüglichen Eigenschaften des Geistes und Charakters, von braven, rechtschaffenen Eltern sorgfältig erzogen. Als gute Tochter und liebende Schwester gelobt, berechtigt sie zu der Erwartung daß sie eine treffliche Gattin und Mutter werden, und an Tugend und Sitte gewiß das schönste Beispiel geben würde." Mit dieser sehr positiven Charakteristik in einem Mémoire vom 30. März 1879 wollten die künftigen Schwiegereltern – Kronprinz Friedrich Wilhelm von Preußen und seine Frau Victoria – Kaiser Wilhelm I. dazu bewegen, einer Heirat zwischen seinem Enkel Wilhelm und Augusta Victoria, die ab 1888 Auguste Victoria hieß, zuzustimmen.

Selten wurde sie, die in der Familie „Dona" genannt wurde, so ausführlich und wohlwollend beschrieben wie hier. Wenige Jahre später beschwerte sich die Schwiegermutter bei der englischen Königin immer öfter über die ehemals Gelobte, worauf diese ihr in einem Brief vom 10. Januar 1885 antwortete: „Was Dona betrifft, diese armselige kleine unscheinbare Prinzessin, die nur durch Deine Liebenswürdigkeit in die Stellung gekommen ist, die sie heute einnimmt, fehlen mir die Worte." Auch in einflussreichen seriösen Veröffentlichungen oder Briefen von Zeitgenossen wurde sie häufig recht kritisch beurteilt. Der Reichskanzler Bernhard von Bülow meinte in seinen Memoiren, sie hätte für einen Oberpräsidenten oder Kommandierenden General in der Provinz eine vortreffliche Frau abgegeben. Für die Rolle einer deutschen Kaiserin sei sie zu kleinkariert, engstirnig und steif gewesen. Selbst noch 1999 vertrat die amerikanische Historikerin Hannah Pakula die Meinung: „Dona war eine provinzielle junge Frau, deren Horizont sich auf Heim und Kirche beschränkte." Und einige Familienmitglieder sahen sie wie Prinz Friedrich Karl von Preußen als Tochter eines Parvenüs.

Diese als unbedeutend eingeschätzte Frau führte mit dem späteren Kaiser Wilhelm II. vierzig Jahre lang eine glückliche Ehe und ein bürgerlich anmutendes Familienleben. Im Volk errang sie wegen ihrer skandalfreien Lebensweise große Popularität. Auch der Sturz der Monarchie minderte ihr Ansehen nicht. Heute kennen jedoch nur noch wenige ihren Namen; ihre Lebensleistungen sind weitgehend vergessen: Sie erklärte die Erforschung der Ursachen für die hohe Säuglingssterblichkeit in Deutschland zur nationalen Aufgabe und opferte diesem Anliegen viel Zeit und Geld. Sie unterstützte die Errichtung von Mütterzentren, Krippen, Kindergärten und Erholungsheimen. Das

Engagement in diesem sozialen Bereich brachte ihr gleichzeitig Anerkennung und Kritik. Man reduzierte sie auf die berühmten drei K, für die Frauen zuständig zu sein hatten: Kinder, Küche und Kirche. „Man hat es nie anders gehört, als dass Auguste Victoria eine gute Frau und Mutter war. Ihr Interesse konzentrierte sich auf die Familie, entsprechend ihrer einfachen geistigen Art. Mit hoher Politik hat sie sich, soviel man weiß, nicht beschäftigt." So urteilte im April 1921 ein Nachruf in der „Frankfurter Zeitung".

Nur diese eine Seite Auguste Victorias kannte man. Die wenigsten wussten von ihrem großen Einfluss auf den Kaiser auch in politischen Fragen. Sie übte Druck auf preußische Ministerien aus, um beispielsweise ihre Vorstellungen über das Abitur an Mädchenschulen und die Immatrikulation von Frauen an preußischen Universitäten durchzusetzen. Allein die Vertrauten wussten um das zunehmende Angewiesensein des Kaisers auf seine Frau, um ihre ständige Sorge wegen seines lebensbedrohenden Ohrenleidens, seiner seelischen Instabilität und seiner oft unüberlegten Kraftreden.

Auguste Victoria lebte in Extremen. Sie war die First Lady des Reiches und gleichzeitig eine besorgte Mutter. Sie repräsentierte einerseits kaiserlichen Glanz und demonstrierte andererseits ein bürgerliches Familienleben mit Gute-Nacht-Geschichten für die Kinder oder mit Picknicks, bei denen sich die Familie selbst bediente. Sie lebte in einer von Männern dominierten Gesellschaft, gegen die sie sich nicht offen auflehnte. Dennoch konnte sie den Männern manche ihrer Privilegien streitig machen. Sie strebte nicht nach weiblicher Selbstbestimmung, erlangte diese jedoch in zunehmendem Maße, weil sie als Person hinter sachlichen Notwendigkeiten zurücktrat. Sie wurde im preußischen Exil geboren, lebte nach zwei Jahren der Hoffnung in der angestammten Heimat als Kind eines um sein Land gebrachten Herzogs bei Verwandten und siedelte schließlich nach Gotha über. Als Kaiserin wurde sie Herrin über unzählige Schlösser und starb im niederländischen Exil.

Auguste Victorias 150. Geburtstag bietet Gelegenheit, an diese außergewöhnliche Frau und die Stationen ihres wechselvollen Lebens zu erinnern: leidvolle Kindheit, schwierige Verlobung, Spannungen in der Familie, glanzvolle Jahre als Kaiserin und Landesmutter, ständige Angst vor Attentaten und Revolutionen, die Jahre des Krieges und schließlich Krankheit, Exil und Tod. Möge dieses Buch dazu beitragen, der letzten deutschen Kaiserin den ihr zukommenden Platz im Gedächtnis der Deutschen zurückzuerobern.

I. Von Dänemark über Thüringen nach Schlesien

„Mit dem Gefühl der lebhaftesten Freude beehre ich mich Ew. Hoheit ergebenst mitzutheilen, daß meine vielgeliebte Frau Schwiegertochter, die Erbprinzessin Adelaide zu Schleswig-Holstein-Sonderburg-Augustenburg, geborene Prinzessin zu Hohenlohe-Langenburg, Durchlaucht und Liebden, am gestrigen Morgen, 7 ½ Uhr, von einer gesunden Prinzessin leicht und glücklich entbunden worden ist. Die von Ew. Liebden mir stets bewiesene wohlwollenden Gesinnungen lassen mich hoffen, daß Hochdieselben an diesem für mich und mein herzogliches Haus so erfreulichem Ereignisse einigen geneigten Antheil nehmen werden."

Mit diesem Schreiben an den befreundeten Kampfgefährten um seine Herzogtümer, Herzog Ernst II. von Sachsen-Coburg und Gotha, zeigte Herzog Christian August (1798–1869) am 23. Oktober 1858 der fürstlichen Verwandtschaft und den Freunden die Geburt der Enkelin, des zweiten Kindes des Erbprinzen Friedrich, an. Glückwünsche gingen aus Deutschland und Europa ein: ein Handschreiben des Zaren in russischer Sprache aus Zarskoje Sjelo, Glückwünsche unter anderem aus Windsor, Stockholm, Berlin, Dresden, Brüssel, Stuttgart, Hannover, Karlsruhe, Oldenburg, Braunschweig, Dessau, Ballenstedt, Langenburg, Detmold, Arolsen und Homburg, aber nicht aus Gottorf oder Glücksburg, aus Kiel oder Kopenhagen. Alle diese Schreiben wurden im späteren Familienarchiv in Primkenau nach der Bedeutung sortiert aufbewahrt – vom Schreiben des Zaren an erster bis zu dem des Landgrafen Ferdinand von Hessen-Homburg an letzter Stelle.

Bei der Taufe erhielt die neugeborene Tochter auch die Namen zweier wichtiger Patinnen – den Rufnamen Victoria nach der künftigen Kronprinzessin und den Vornamen Augusta nach der späteren ersten deutschen Kaiserin. Während sie später offiziell Auguste Victoria genannt wurde, unterschrieb sie selbst bis zum Ende ihres Lebens mit ihrem Rufnamen Victoria.

Die Geburtsanzeige kam aus dem schlesischen Primkenau und nicht, wie bei einem schleswig-holsteinischen Herzog zu erwarten wäre, aus Kiel oder Augustenburg. Als die Tochter geboren wurde, war das Londoner Protokoll vom 8. Mai 1852 bereits in Kraft getreten, das die beiden Herzogtümer Dänemark zugeschlagen hatte.

Um das zu verstehen, muss man ein wenig weiter in die Vergangenheit zurückblicken. Die Linie Sonderburg-Augustenburg ist ein Zweig des Oldenburger Hauses. Die Herzöge dieser 1655 von Ernst Günther I. begründeten und auf der dänischen Insel Alsen ansässigen Linie verfochten für den Fall, dass das dänische Königshaus ohne Thronerben bleiben sollte, gegenüber Dänemark ihr Recht auf die Nachfolge in Schleswig und Holstein und die Anwartschaft auf den dänischen Thron. Zwar galt in Schleswig wie in Dänemark auch die weibliche Erbfolge, aber nicht in Holstein; dort wurde das salische Recht der männlichen Erbfolge praktiziert. Nach dem Vertrag von Ripen (1460) durften das dänische Lehen Schleswig und das deutsche Lehen Holstein nicht getrennt werden: „[…] dat se bliven ewich tosamende ungedelt."

Der Wiener Kongress hatte 1815 Holstein zum Glied des Deutschen Bundes erklärt. Dänemark versuchte daraufhin, das nicht dem Deutschen Bund angehörende Schleswig von Holstein zu trennen und enger an sich zu binden. Diese Bestrebung sowie die aufkommenden nationalen und liberalen Ideen bewirkten den Widerstand der beratenden Ständeversammlung in den Elbherzogtümern, der auch Auguste Victorias Großvater angehörte. Dort wurden die mögliche Thronnachfolge der Augustenburger und die Sprachenfrage heftig diskutiert. Die dänischen Nationalliberalen, die Eider-Dänen, forderten die Schaffung eines dänischen Gesamtstaates mit Schleswig bis zur Eider. Dagegen beriefen sich die Ritterschaften Schleswigs und Holsteins auf die bestehende Realunion, während sich die Deutschnationalen für die Anlehnung Schleswigs und Holsteins an den Deutschen Bund aussprachen. Dieses Ziel hofften sie mit der Durchsetzung der Ansprüche der Augustenburger zu erreichen. Seit der Märzrevolution von 1848 war diese Frage mit der Schaffung eines deutschen Gesamtstaates verbunden. Als der dänische König Friedrich VII. (1848–1863) am 23./24. März 1848 Schleswigs Einbeziehung zu Dänemark anerkannte, erhob sich die Bevölkerung in Kiel und setzte eine provisorische Regierung ein, die für beide Herzogtümer die Loslösung von Dänemark erklärte. Auch Schleswig wurde am 12. April 1848 Mitglied des Deutschen Bundes. Mit dem Zusammenstoß dänischer und herzoglicher Truppen bei Flensburg am 9. April und dem Einmarsch preußischer Truppen im Auftrag des Bundes begann der Deutsch-Dänische Krieg (1848–1850). Wegen der veränderten Stimmungslage der Frankfurter Nationalversammlung erzwang der Deutsche Bund 1850 die Entwaffnung Schleswig-Holsteins und lieferte die Herzogtümer an Dänemark aus. Daraufhin erhielten beide Herzogtümer 1854 eine neue Verfassung. Die Nachfolge des kinderlosen dänischen Königs und die Verfassungsfrage der Herzogtümer erwiesen sich als europäisches Problem, das das Londoner Protokoll 1852 zugunsten der jüngeren Glücksburger Linie und gegen die berechtigten Augustenburger Ansprüche entschied.

An der Loslösungsbewegung von Dänemark hatte Herzog Christian Augusts jüngerer Bruder führend mitgewirkt. Also musste sich Christian

August ebenfalls beteiligen, wollte er nicht bei einem erfolgreichen Ausgang seine Erstgeborenenrechte verlieren. Der Unmut darüber war in Dänemark so groß, dass die Augustenburger Familie aus dem Land fliehen musste. Der dänische König erklärte sie für vogelfrei, ihre Besitzungen wurden beschlagnahmt. Durch Vermittlung des Deutschen Bundes kam am 30. Dezember 1852 zwischen der dänischen Krone und Herzog Christian August ein Vertrag zustande, Kraft dessen der Herzog seine gesamten auf der Insel Alsen und dem Festland gelegenen Besitzungen an den König von Dänemark abtrat, sich verpflichtete, mit seiner Familie außerhalb des Königreichs zu leben, und „bei fürstlichen Worten und Ehren" versprach, „nichts, wodurch die Ruhe in Ihro königlichen Majestäten Reichen und Landen gestört und gefährdet werden könnte, vornehmen, ingleichen den von Ihro königlichen Majestäten in Bezug auf die Ordnung der Erbfolge für alle unter Allerhöchstdero Scepter vereinten Lande oder die eventuelle Organisation Allerhöchstdero Monarchie gefassten oder künftig zu fassenden Beschlüssen in keiner Weise entgegentreten zu wollen". Mit diesen Worten fasste „Meyers Konversationslexikon" 1870 den Vertrag zusammen. Als Gegenleistung erhielt der Herzog, der auf seine Ansprüche auf die Herzogtümer zugunsten seines Sohnes verzichtete, eine Entschädigung von 1,5 Millionen „Speciesthalern".

Die Augustenburger fanden zunächst bei Freunden Unterschlupf und Hilfe. Von Altona, dem südwestlichsten Zipfel Holsteins, schickten sie zwischen 1852 und 1855 insgesamt 55 Kisten und 26 Koffer mit wichtigem Archivgut, Unterlagen, wertvollen Büchern und Gerätschaften auf dem Wasserweg über die hannoversche Kreisstadt Harburg und die Freie Reichsstadt Frankfurt zu Herzog Ernst II. nach Gotha.

Gotha galt damals als Sammelpunkt von Liberalen und Oppositionellen. Dort hatte die Familie das nach 1852 gebaute Augustenburger Palais als vorübergehenden Wohnsitz gewählt. Das Palais lag unterhalb des Schlosses Friedenstein am Rande des Schlossparks. Von der dänischen Entschädigung erwarb der Herzog 1853 Anwesen und Herrschaft Primkenau als neuen Familiensitz. Für den Sohn kaufte er das Rittergut Dolzig in der Niederlausitz.

Dieser Sohn, Erbprinz Friedrich, war seit seiner Bonner Studentenzeit mit dem fast gleichaltrigen Preußenprinzen Friedrich Wilhelm befreundet, dem späteren Kaiser Friedrich III. Er galt bei seinen Freunden als sehr intelligent, aber etwas farblos. Durch das frühe schwere Schicksal sei er skeptisch geworden. Nach der erfolglosen Werbung um eine badische Prinzessin heiratete er am 11. September 1856 die am 20. Juli 1835 geborene älteste Tochter des Fürsten Ernst zu Hohenlohe-Langenburg, Adelaide bzw. Adelheid („Ada"). Die Ehe war auf Vorschlag Herzog Ernsts II. von Gotha, dem Herzog Christian August und der vorgesehene Bräutigam zustimmten, zustande gekommen.

Auguste Victorias Vater war am 6. Juli 1829 im Stammschloss Augustenburg auf der Nordschleswig vorgelagerten Insel Alsen zur Welt gekommen. Wegen seiner Mutter Luise (1796–1867), die wie seine Urgroßmutter aus der Familie der dänischen Reichsgrafen Daneskjöld-Samsoe stammte, sollte es später heftige Diskussionen um die Ebenbürtigkeit der Tochter geben. Zwischen 1851 und 1853 studierte der Vater die üblichen vier Semester an der Universität Bonn. Er hörte Vorlesungen über Staatswissenschaft, Finanzlehre und deutsches Staatsrecht. Danach trat er die ebenfalls übliche Kavalierstour nach Paris, Südfrankreich, Rom und Neapel an. Im Frühjahr 1854 begann er eine militärische Ausbildung im 1. Garderegiment zu Fuß in Potsdam. Wegen seiner schwachen Gesundheit unterbrach er den Dienst mehrfach zu Reisen in die Schweiz und nach Italien. Mit der Heirat quittierte er den Dienst.

Auguste Victorias Mutter entstammte einer bereits 1153 urkundlich erwähnten Familie. Diese verlor durch die Rheinbundakte 1806 ihre Souveränität. Ada stand in naher verwandtschaftlicher Beziehung zur englischen Königin. Ihre Großmutter mütterlicherseits, Victoire von Sachsen-Coburg, hatte als Witwe des Fürsten Karl Ermisch von Leiningen in zweiter Ehe den Herzog von Kent geheiratet. Am 24. Mai 1819 gebar sie die spätere Königin Victoria. Somit war Ada eine Halbnichte und Auguste Victoria die Großnichte der englischen Königin. Ada und die deutsche Kronprinzessin waren Cousinen. Über diese Großmutter führte auch die verwandtschaftliche Beziehung zum Haus Sachsen-Coburg. Ernst II. und der englische Prinzgemahl Albert waren ihre Neffen.

Zweimal hatte der französische Kaiser Napoleon III. seine Absicht bekannt gegeben, Ada heiraten zu wollen. Die Familie lehnte das Ansinnen gegen den Wunsch Adas, die gern Kaiserin von Frankreich geworden wäre, ab und stimmte stattdessen einer Heirat mit dem im Exil lebenden Erbprinzen Friedrich zu. Ada galt als sehr schön, genial veranlagt, empfindsam und reizbar und charakterlich als das Gegenteil des ruhigen und bedachtsamen Friedrich.

Dem Ehepaar wurden insgesamt vier Töchter und drei Söhne, von denen zwei das Säuglingsalter nicht überlebten, geboren: als älteste Tochter Augusta Victoria (1858–1921), danach Caroline Mathilde (1860–1932), „Calma“ genannt, die Herzog Ferdinand zu Schleswig-Holstein-Sonderburg-Glücksburg heiratete, Luise Sophie (1866–1952), seit 1889 mit Prinz Friedrich Leopold von Preußen verheiratet, und schließlich Feodora, die unverheiratet blieb und 1910 mit 36 Jahren starb. Ernst Günther (1863–1921), der einzige Sohn des Herzogspaares, hatte keine Nachkommen.

II. Die Tochter des Augustenburgers

Trotz der verheißungsvollen Geburtsanzeige des Großvaters wurde die kleine Dona nicht in eine glückliche Familie hineingeboren. Fünf Tage nach ihrer Geburt starb ihr fünfzehn Monate alter Bruder, der seit langem an „Bräune", einer Erkrankung der Atmungsorgane, leidende kleine Friedrich. Das löste bei der Mutter nicht nur eine verständliche Trauer aus. Weil sie die Krankheit des Kindes lange ignoriert hatte, führte der Verlust wegen ihres schlechten Gewissens zu einer Übertrauer, in der sie nichts anderes mehr wahrnahm. Ihr „herrlicher Sohn", ihr „Engel" war tot – was bedeutete dagegen eine gesunde, lebensfähige neugeborene Tochter? So waren Donas erste Lebensjahre in den Augen der Mutter völlig vom Tod des Bruders überschattet. Die Mutter maß das lebhafte Kind an dem stillen und aus Kraftlosigkeit braven Bruder. Der Vater erwartete voll Hoffnung den Tod des dänischen Königs. Deshalb wollten die Eltern den Makel, keinen Erbprinzen aufweisen zu können, rasch durch eine erneute Schwangerschaft der Mutter tilgen.

Wie vorher der Bruder kam auch die kleine Tochter in die Obhut des Personals, um gelegentlich auf eine halbe Stunde in den mütterlichen Salon gebracht zu werden. Während der Mutter vor allem das Kritikwürdige an der Tochter auffiel, liebte die Langenburger Großmutter das Kind uneingeschränkt und lobte es. In Briefen riet sie Ada, ihre Haltung zu Dona mütterlicher zu gestalten und dennoch die notwendige Erziehung nicht zu vernachlässigen. 1859 mahnte sie: „Sei froh, zufrieden und glücklich. Du hast allen Grund dazu. […] Wie herzig muß Dein kleines Mädchen jetzt sein, wie gern möchte ich sie sehen." Drei Jahre später erklärte sie: „Dass Victoria, die ein so gescheites Kind ist, oft trotzig und unartig ist, wundert mich nicht. Es ist schwer, eine Regel für die Behandlung aufzustellen, wenn man nicht dabei ist. […] Eine genaue Zeiteinteilung, Beschäftigung für sie suchen, ich meine nicht immer mit ihnen spielen den ganzen Tag, ihnen mit kurzen Worten sagen, wenn sie etwas thun oder lassen sollen, auf Gehorsam achten sind Hauptsachen, […] nur immer gerecht und konsequent, nicht launenhaft muß man sich selbst sein."

In den Augen der Mutter und der Augustenburger Großeltern musste sich das Kind die Zuneigung der Erwachsenen erst verdienen. „Heute wurde die Kleine von Papa besucht, welcher sich ganz freundlich mit ihr unterhielt, sie doch menschlich aussehend fand. […] Gott wolle uns doch Freude an ihr erleben lassen, damit sie die Liebe der Großeltern mehr gewinnt", notierte

Ada 1860 in ihrem Tagebuch. Die Geburt der Schwester Calma im Januar 1860 bedeutete für Auguste Victoria eine glückliche Veränderung ihres Lebens. Jetzt besaß sie einen Menschen, der zu ihr gehörte und immer bei ihr sein durfte. Sie entwickelte eine sehr enge Beziehung zu ihr. Beide wurden gemeinsam betreut und unterrichtet; sie fühlten sich seelenverwandt wie Zwillinge. Das frühkindliche Aneinanderklammern der Schwestern hielt bis zu Auguste Victorias Tod an. Die Ältere übernahm eine Art Mutterrolle, die sich auch in der Anrede zeigte. Sie nannte die kaum Jüngere „Kindchen" oder „mein Kindchen" und nur Dritten gegenüber Calma. Schon in Dolzig begann sie sich für Calma und den eben geborenen Bruder verantwortlich zu fühlen. Als Fünfjährige ließ sie am 27. November 1862 an den fast ständig abwesenden Vater einen Brief schreiben, um ihm mitzuteilen, dass es dem kleinen Bruder gut gehe.

Die häufige Abwesenheit des Vaters erklärte sich aus der Pflege verwandtschaftlicher Beziehungen und den mit seinen territorialen Bestrebungen verbundenen Reisen. Anfang 1863 hatte man ihm die griechische Königskrone angeboten, nachdem der aus Bayern stammende König Otto gewaltsam vom Thron entfernt worden war. Friedrich lehnte das Angebot mit der Begründung ab, dass er Verpflichtungen gegenüber seinem eigenen Land besitze. Auf dem Terrain Ernsts II. organisierte er die Bildung eines schleswig-holsteinischen Heeres. Mindestens zeitweise wohnte der Vater in Gotha. Auch die Mutter liebte den Thüringer Wald und das Gothaer Theater und zog das Augustenburger Palais dem Gut Dolzig vor. Die inzwischen drei Kinder – 1863 war Ernst Günther gesund zur Welt gekommen – lebten in Dolzig bei Sommerfeld, bis sie in den zweiten Deutsch-Dänischen und den Deutsch-Deutschen Krieg hineingezogen wurden. Bis zu diesem Zeitpunkt hatten die Eltern sie weitgehend den Kinderfrauen, Gouvernanten und Sprachlehrerinnen überlassen.

Als König Friedrich VII. von Dänemark am 15. November 1863 starb, wuchs die Hoffnung des Vaters auf eine Rückkehr in seine Herzogtümer. Der Herzog verließ das stets als Exil betrachtete Dolzig und auch Gotha, wo er sich seit längerer Zeit auf eine mögliche Regierungsübernahme vorbereitet hatte. Zum Jahresende 1863 zog er unter der Devise „Mein Recht ist eure Rettung" in Kiel ein. Die Zustimmung der Bevölkerung ermunterte ihn. Er erwarb im Kieler Villenvorort Düsternbrook die nahe am Wald gelegene Schliemannsche Villa. Dorthin holte er vermutlich 1864 Frau und Kinder nach. Schon am 11. Dezember 1863 hatte er den Kindern aus Kiel geschrieben. Auguste Victorias Antwortbrief, von einer Erzieherin zu Papier gebracht, blieb erhalten: „Die Geschwister sind wohlauf und hoffen bald bei Dir zu sein. Wie traurig, daß wir nicht an Weihnachten bei Dir sein können. Deine Victoria." Der Wortlaut des Briefes und der Hinweis auf die baldige Übersiedelung nach Kiel lassen vermuten, dass das Kind mit der Situation der Herzogtümer und dem Grund für die Abwesenheit des Vaters in ihrem Alter entsprechender Weise vertraut gemacht worden war. Ob die Trennung der Familie vom Vater nur wenige Monate betrug, ob sich der Vater zwischen Ende 1863 und Ende 1866 dauernd in Kiel oder zwischendurch auch in Gotha aufhielt, ob und wann die gesamte Familie in das Kieler Schloss zog, wo die dritte Tochter Luise Sophie geboren sein soll, lässt sich nicht mit letzter Sicherheit sagen.

Die Übersiedlung nach Kiel hatte der Vater als ersten Schritt zur endgültigen Rückkehr in seine Herzogtümer geplant. Die drei Kinder kamen aus dem ländlichen Dolzig in die Residenzstadt des Vaters; statt der Kinder eines aus seinem Land Vertriebenen waren sie nun die des potenziellen Landesherrn. Neben den englisch und französisch sprechenden Kinderfrauen und Erzieherinnen unterrichtete jetzt regelmäßig der Kandidat der Theologie Nissen die Töchter nach den Vorstellungen und Anweisungen des Vaters. Das war für sie so neu wie der Wohnsitz in der Stadt, die höhere soziale Stellung und die ihr geltenden Reverenzen der Menschen, die ihnen jetzt begegneten. Ein zurückhaltendes Kind wie Auguste Victoria empfand all das Neue auch als bedrohlich. Aber Angst oder Unsicherheit zu zeigen, verbot sich für des Herzogs Älteste. Haben hier ihre spätere Gelassenheit und ihre geringe Anfälligkeit für Aufwand und Pomp ihren Ursprung? Lernte sie hier, sich ohne größere Gemütsbewegungen in unterschiedliche Lebensumstände hineinzufinden? Ihr Umgang in Kiel beschränkte sich wie in Dolzig und anders als später in Gotha hauptsächlich auf die zum Haushalt gehörenden Personen. Dennoch prägte der Kieler Aufenthalt sie stärker als der in Dolzig oder Gotha. Vor allem zu den Orten Primkenau und Kiel, die sie als Pars pro Toto für Heimat und Herkunft empfand, baute sie enge emotionale Bindungen auf.

Mit dem Einrücken sächsischer und hannoverscher Truppen in Holstein zwischen dem 23. und dem 31. Dezember 1863 hatte der zweite Deutsch-Dänische Krieg begonnen. Auguste Victorias Vater, der sich als Nachfolger des verstorbenen Königs jetzt Friedrich VIII. nannte, hatte zu spät erkannt, dass diese Bundesexekution nicht der Durchsetzung seiner Ansprüche diente. Handlungsunfähig sah er zu, wie Preußen und Österreich seine Herzogtümer für ihre eigenen territorialen Interessen nutzten. Im Wiener Frieden vom 30. Oktober 1864 musste Dänemark die Elbherzogtümer beiden Staaten zur Verwaltung überlassen. Österreich schien in dem von ihm verwalteten Holstein eine Nebenregierung des Herzogs zu tolerieren. Das Kondomium galt bis 1866. Da es weder dem Wunsch der Bevölkerung noch der Planung Bismarcks entsprach, trug auch die Gasteiner Konvention von 1865 nicht zur Auflösung der Spannungen zwischen den Kondomiumsländern bei. Mit der Besetzung Holsteins durch preußische Truppen begann am 5. Juni 1866 der Deutsche Krieg zwischen Preußen und Österreich. Er wurde mit dem Frieden von Prag am 23. August 1866 abgeschlossen. Nach diesem wurden Schleswig und Holstein in den preußischen Staat einbezogen.

Ab dem 24. Januar 1867 zählten die Herzogtümer offiziell zu den preußischen Provinzen. Die Augustenburger Familie musste wiederum das Land verlassen. Der Gothaer Herzog brachte den Vater bei sich in Sicherheit. Die Töchter lebten mehrere Monate in einem Hotel in Baden in der Nähe der Langenburger Großmutter. Der Sohn und der 1866 geborene Säugling blieben mit der zeitweise anwesenden Mutter, den Schwestern des Herzogs und einem Teil des Personals in Kiel. Besonders der Sohn sollte die Ansprüche des Vaters stellvertretend geltend machen. Erst als alle Interventionsversuche beispielsweise bei Kaiser Franz Joseph in Wien oder über das Kronprinzenpaar bei König Wilhelm von Preußen keine Veränderung zu seinen Gunsten bewirkten, vereinte sich die Familie vermutlich im Mai 1867 im Augustenburger Palais in Gotha, dem neuen Wohnsitz. Dass die Anwesenheit der Kinder in Gotha erst ab 26. Mai durch einen Brief Auguste Victorias an die abwesenden Eltern nachgewiesen werden kann, schließt ein etwas früheres Eintreffen nicht aus, bevor die Eltern die Kinder in der Obhut ihrer Betreuer allein in Gotha zurückließen. Am 26. Mai teilte Auguste Victoria den Eltern nunmehr eigenhändig mit, sie habe mit den Geschwistern im Garten gespielt, während Mademoiselle Bart ihnen vorgelesen habe. Außerdem sei der Flieder aufgeblüht. Einige Wochen später schickte sie dem noch immer abwesenden Vater in schönster Sütterlinschrift auf Schreiblinien einen Geburtstagsbrief. Sie wünschte sich, er möge zu seinem Geburtstag am 6. Juli in Gotha sein.

Das Augustenburger Palais in Gotha.

Als Geburtstagsgeschenk hatte sie das Gedicht „Die Lilien auf dem Feld“ in Sonntagsschrift für ihn abgeschrieben.

Das Dolziger Gut wurde verkauft. Nach Kiel und dem Hotelaufenthalt in Baden mussten sich die Kinder nun in Gotha eingewöhnen. Wieder waren sie für längere Zeit ohne Eltern in einer neuen Umgebung und einer veränderten sozialen Situation als Kinder eines nun endgültig vertriebenen Herzogs ohne wirkliche berufliche Aufgabe und ohne nennenswerten Besitz. Offensichtlich richtete man sich auf einen längeren Aufenthalt ein, denn Kontakte zu den Meininger Verwandten und zu Gothaer Kindern wurden gefördert. So schrieb Auguste Victoria, während sich die Mutter einmal für zwei Tage bei ihnen in Gotha aufhielt, dem Vater am 29. August 1869 von einem Spielbesuch bei den Cousinen; und Ernst Günther berichtete den Eltern begeistert: „Es war schön bei Lili von Schork“, zu deren Geburtstagsfeier sie eingeladen worden waren. Man habe Bückling, Blindekuh, Ringelreihen und Schattenspiele auf Leinwand gespielt, Schokolade getrunken und sei auf dem Teich im Park des Schlosses „geglitscht“. Am Abend habe der Gewinner des Fuchsspiels ein Viertel einer Feige bekommen.

Die dem sechsjährigen Kind erwähnenswerte Gabe eines Feigenstücks als Siegprämie gewährt einen Einblick in die Erziehung Auguste Victorias und ihrer Geschwister. Zwar kannte die übergroße Zahl der Kinder damals Feigen überhaupt nicht oder nur aus Schaufensterauslagen. Eine Vielzahl der Kinder würde es zudem als großartiges Geschenk betrachtet haben, abends gesättigt schlafen gehen zu können, während für die Kinder aus dem Hochadel und dem Großbürgertum solche Früchte schon selbstverständlicher waren. Dennoch reagierten sie auf den einprägsamen exotischen Genuss mit besonderer Dankbarkeit. Ihnen fehlte die Blasiertheit, wie sie beispielsweise Thomas Mann in den „Buddenbrooks“ von Neureichen schildert. Der Herzog bot den Kindern optimale Bildungsmöglichkeiten, verlangte aber auch kontinuierliches Arbeiten und große Anstrengungen. Körperliche Bequemlichkeit und leibliche Genüsse wurden den Holsteinkindern zu Lebzeiten des Vaters nur begrenzt zugestanden. Ernst Günther, der seit 1875 das Vitzthumsche Gymnasium in Dresden besuchte und dort mit seinem Hofrat in einer eigenen Wohnung lebte, wurde zwar zur königlich-sächsischen Tafel geladen und benutzte Briefpapier mit Herzogskrone und Monogramm, erbat aber von den Eltern die Übersendung eines Sackes Kartoffeln aus der Primkenauer Ernte nach Dresden und bedankte sich für eine ihm zugeschickte Ananas. Für die Weihnachtssparkasse übersandte er der Schwester 75 Pfennig.

Am 12. März 1869 schrieb Auguste Victoria ihren Brief an den Vater auf Papier mit einem breiten Trauerrand. Der Großvater, Herzog Christian August, war in Primkenau gestorben. Damit stand ein erneuter Wechsel an. Mit dem Tod des Großvaters wurde der Vater Oberhaupt des Augustenburger Hauses und erbte neben Primkenau auch das am heute dänischen Ufer der Kieler Förde gelegene nordschleswigsche Gut Gravenstein und das südschwedische Gut Gräfsnas. Seinen Wohnsitz verlegte er in das Schloss Primkenau. Die Herrschaft Primkenau umfasste das Städtchen, vierzehn Dörfer mit 6.500 Einwohnern und sechs herrschaftliche Höfe oder Vorwerke. Dort verwaltete der Vater bis zum Kriegsbeginn 1870 zunächst den Besitz. Diesmal gestaltete sich der Ortswechsel weniger abrupt, da die Familie auch in den nächsten Jahren einige Wintermonate in Gotha zubringen wollte. In Gotha genoss vor allem die Mutter das Residenzstadtleben mit häufigen Theater- und Konzertbesuchen, Einladungen zum Herzog sowie Besorgung modischer Kleidung oder neuester Literatur. Später als Witwe lebte die Herzogin mit den unverheirateten Töchtern für etwa zwei Jahre dauerhaft im Palais. Der Vater erfreute sich in Gotha am Zusammensein mit politischen Freunden und an der Arbeit im Hausarchiv. Gotha war im Vergleich zu Primkenau so etwas wie die „große Welt". Nach dem Umzug nach Primkenau pflegten die Kinder ihre familiären und sozialen Kontakte weiter, beispielsweise auch zur Familie des Grafen Keller, die seit 1871 einen Teil des Gothaer Palais gemietet hatte.

Nun endlich kam die elfjährige Auguste Victoria an einen Ort, den sie als dauerhaften Wohnsitz betrachten durfte. Dort konnten sich Heimatgefühl und Nachbarschaftskontakte entwickeln, ohne dass sie als geduldete Flüchtlinge wahrgenommen wurden. Friedrich VIII. hatte die ihm von Preußen angebotene Entschädigung in Form von Geld und Grundbesitz abgelehnt, da er durch eine solche „sich selbst zwar berücksichtigt, doch das Interesse der Herzogtümer mißbraucht und übergangen sah". Deshalb ging es in Primkenau sparsam zu. Die Einrichtung eines herzoglichen Hofes im Kleinformat verstärkte die Stabilität. Die Hofhaltung umfasste neben den Bediensteten im Wesentlichen Hofverwaltungschef von Issendorff und seine Familie, Ernst Günters Hofrat und die Hofdame Fräulein von Krogh aus Augustenburg, die das Hauswesen leitete und die Töchter in Dänisch unterrichtete. Der Lebensstil entsprach dem Status – herrschaftlich und zugleich einfach und ländlich mit Winteraufenthalten im Gothaer Stadthaus.

Wenn die Eltern gemeinsam oder getrennt abwesend waren, was nach wie vor häufig der Fall war, überbrückte ein reger Briefwechsel die Trennung. Tante Malio, eine unverheiratete Schwester des Vaters, vertrat dann nicht selten die Eltern. Ihr gehörten Liebe und Vertrauen der beiden älteren Herzogstöchter. Obwohl oder gerade weil sie unverheiratet blieb, verfügte sie neben einer finanziellen auch über eine bemerkenswerte geistige Unabhängigkeit. Einen Antrag des Bayernkönigs hatte sie ausgeschlagen. Als persönliche Kritikerin Preußens lebte sie auch nach dem Tod ihrer Schwester, die sie aus gesundheitlichen Gründen ins französische Pau begleitet hatte, weiterhin dort. Der Herzog hatte ihr die Töchter 1877 und 1878 für jeweils mehrmonatige Aufenthalte zur Verbesserung der Französischkenntnisse und der Pflege des Umgangs mit der internationalen Gesellschaft anvertraut. An seine Bedingung, dass Malio auf Unterhaltungen mit den Töchtern über Politik oder Polemik gegen Preußen verzichten solle, hielt sie sich offenbar nicht immer. Jedoch bezog Malio den Bruder als letzte Instanz zur Interpretation und Meinungsäußerung ein. Auguste Victoria schrieb ihm aus Pau am 12. Februar 1879: „Wir haben in diesen Tagen mit großem Interesse in der Kreuzzeitung die Verhandlungen über ‚Artikel 5 des Prager Friedens' gelesen. Wie gerne möchten wir mit Dir, lieber Papa hierüber sprechen, da wir nicht recht begriffen, was aus Nordschleswig werden soll. Das Recht der freien Abstimmung über ihre Zugehörigkeit soll den Schleswigern ja wohl abgesprochen werden. – Ist der Herr Gh. Staatsrath Samwer in diesem Winter in Gotha? Wie würde es mich für Dich lieber Papa freuen, wenn Du ihn manchmal sehen könntest. Am 16ten Februar des vorigen Jahres reisten wir nach Gotha, und es war doch eine nette Zeit, die wir dort verlebten, und wie gerne würden Calma und ich uns auch in diesem Winter etwas nützlich machen und mit Ordnen und Abschreiben der Papiere."

Die Töchter lasen und diskutierten mit der Tante die „Kreuzzeitung". Sie waren mit den politischen Freunden des Vaters vertraut und kannten die Bedeutung dieser Freunde für den Vater. Herzog Ernst II. hatte den Geheimen Staatsrat von Samwer bei sich aufgenommen, als der Rechtsprofessor 1848 in Kiel entlassen worden war. Dieser entwickelte sich zu einem Vertrau-

Schloss Primkenau, der neue Familiensitz des Herzogs von Augustenburg.

ten Herzog Friedrichs und vertrat als Spezialist für norddeutsches Erbrecht die Interessen der Augustenburger. Die Töchter genossenen also nicht die übliche politikferne weibliche Erziehung. Sie plapperten auch nicht einfach nach, was in der Zeitung stand, sondern holten Expertenmeinungen wie die des Vaters ein. Dieser gab in seinem Antwortbrief die gewünschte Erklärung. Die politischen Anschauungen des Vaters bildeten für Auguste Victorias Weltsicht die Richtschnur bis zu ihrem Tode.

Den Primkenauer Alltag teilten Calma und Dona miteinander. In den Ferien kam der Bruder dazu, dessen Tagesablauf jedoch sein Hofrat bestimmte. Die Gestaltung des Tages folgte einem festen Schema: Nach dem Kaffee um 8 Uhr und dem anschließenden Spaziergang fand von 9.30 bis 13 Uhr Unterricht statt, den ab 1870 vorwiegend Lehrer erteilten: „Mit Herrn Kietz haben wir sehr eifrig Zeichenstunden 4–5 Stunden täglich, daneben Unterricht bei Frl. von Krogh“, berichtete Dona im Juli 1878 dem Vater. Danach gab es Frühstück. Der sich anschließende Nachmittagsunterricht dauerte bis etwa 18 Uhr, dem Zeitpunkt der Hauptmahlzeit, die die Kinder getrennt von den Eltern einnahmen. Nach dem Abendessen durften sich die Töchter bei den Eltern aufhalten, sofern die Mutter im Hause und frei von Migräne war. War der Vater anwesend, unternahm er anstelle des Lehrers den Morgenspaziergang mit den Töchtern. Das mehrmalige wöchentliche Briefeschreiben an den Bruder nach Dresden oder den abwesenden Vater sowie der sonntägliche Kirchgang gehörten ebenfalls zum festen Bestandteil des Alltags. Abwechslung brachten Verwandtenbesuche und Reisen nach Gotha.

Der Primkenauer Alltag unterschied sich äußerlich kaum von dem vergleichbarer adeliger Familien. Ein erheblicher Unterschied bestand jedoch in der Aufteilung der Zuständigkeiten bei den Eltern. Die Mutter, die zwischen 1857 und 1874 sieben Kinder geboren hatte, war häufig erschöpft, von Migräne geplagt oder auf Reisen. Ihr nachweisbarer Anteil an der Betreuung der Kinder beschränkte sich auf die Auswahl der Kleidung. Dem Ehemann und den Angestellten überließ sie Erziehung, Bildung und Versorgung der Töchter. Diese fühlten sich zur Rücksichtnahme auf die Mutter verpflichtet. Nur zu ihrem Sohn schien sie einen intensiveren Kontakt aufgebaut zu haben, wenn man die häufigen Besuche bei ihm in Dresden als Indiz dafür nehmen kann. Ob diese Reisen primär dem Sohn oder eher dem abwechslungsreichen Aufenthalt in der sächsischen Hauptstadt galten, lässt sich nicht klären. Obwohl der Briefwechsel zwischen Vater und Sohn nicht weniger intensiv war als der mit den Töchtern, war das väterliche Interesse an der Entwicklung Auguste Victorias für die damaligen Verhältnisse vergleichsweise groß. Der Vater hatte neben allen Alltagsangelegenheiten auch die Verantwortung für die Erziehung der Kinder ganz in seine Hand genommen, da er seine Frau dazu nicht in der Lage sah. Die Mutter fand sich damit ab. Für seine Älteste war er Brief- und Ansprechpartner.

Die Tochter fügte sich anstandslos dem väterlichen Willen. Ihm gegenüber wies sie ein fast an Selbstverleugnung grenzendes Einfühlungsvermögen aus, wenn es um seine Gesundheit ging. Das zeigt die Reaktion der Tochter auf ein Reiseangebot. Nach längerer Abwesenheit hatte der Vater Dona und Calma zu einer Nordseereise eingeladen. Obwohl das Angebot außerordentlich große Vorfreude auslöste, schrieb ihm die Tochter am 21. Juni 1878 aus Primkenau: „Lieber guter Papa. Für Deinen so gütigen und freundlichen Brief, welchen wir vorgestern Abend erhielten u. der uns so viel Freude bereitet küsse ich Dir dankend die Hände. Es war wirklich so freundlich von Dir uns zu schreiben, wir hatten gar nicht erwartet daß Du unsere Briefe beantworten würdest. Was die Reise nach St. Peter anbetrifft würden Calma und ich sehr sehr gerne mitfahren und küssen Dir dafür dankend die Hände. Jedoch, wenn es Dir lieber Papa irgend wie lieber wäre daß wir hier blieben, würden wir das natürlich auch ganz gerne thun." Obwohl sie mit dem Vater gar zu gern gereist wäre, war sie doch bereit, ihre Wünsche zurückzustellen. Das Verhalten des Vaters gegenüber der Tochter, die Fürsorge auch noch für die Zwanzigjährige erwecken den Eindruck, als setzte der Vater nach dem Kindstod zweier Söhne weniger auf den ihm verbliebenen Ernst Günther, sondern mehr auf die Tochter. Die früh von ihr erwartete oder als Erwartung empfundene Übernahme von Verantwortung für die Geschwister brachte ihr später Kritik von der Schwiegermutter ein. Die Beschäftigung mit Abschreib- und Sortierarbeiten für das in Gotha lagernde Hausarchiv bestätigt die Einbeziehung der Tochter in die Angelegenheiten der Gesamtfamilie. Der Vater hätte statt der Tochter durchaus auch seinen Bruder Christian mit diesen Aufgaben betrauen können. Wegen der englischen Heirat des Bruders vermied er es aber.

Angesichts der Ablehnung einer Verbindung der Tochter mit Ernst von Meiningen ist nicht auszuschließen, dass Herzog Friedrich schon früh eine seine Familie absichernde Heirat Auguste Victorias erwogen hatte. Für die gezielte Vorbereitung Auguste Victorias auf eine besondere gesellschaftliche Position spricht neben der Einführung in die Politik auch die Erziehung zur Zurückhaltung und Distanz gegenüber Gefühlen. Ihre Briefe weisen trotz der betonten Herzlichkeit in den immer gleichen Anrede- und Schlussformeln eine kontrollierte Emotionalität und ein auf Contenance ausgerichtetes Verhalten auf. Sie vermitteln keine Nähe. Das gilt besonders für die Äußerungen gegenüber der Mutter. Es existiert kein Brief der Tochter an die Mutter mit einem vertraulichen Inhalt oder in einem vertrauten Ton. Trotz der zuweilen überhöflichen Sprache erzeugen sie keine wirkliche Wärme. Äußerungen von Dank, Trauer, Glückwünschen und Mitgefühl wirken seltsam unterkühlt. Die Inhalte der Briefe gleichen weithin höflichen Rechenschaftsberichten, wenn sie über Alltagsereignisse, Gesundheit und Unpässlichkeit, über Hausgäste, Treffen mit Bekannten, Reisen oder den Verlauf des Unterrichts informieren. Dona übte sich in Selbstbeherrschung, drängte Gefühle zurück und verbarg diese hinter formelhaften Standardaussagen.

Neben der Ausbildung durch den Vater genoss Auguste Victoria den in adeligen Kreisen üblichen Hausunterricht für Mädchen. Er umfasste neben Zeichenunterricht auch Geschichte, Klavierspiel und Gesang, Englisch, Französisch, Dänisch, die Einführung in das Hauswesen und natürlich Religion und Deutsch. Jeder Tag begann mit Religion, gefolgt von Geschichte. Mathematik gehörte nicht zum Lehrplan. Ein Aufsatzheft der Vierzehnjährigen ist erhalten geblieben. Die elf Aufsätze beinhalten fächerübergreifende Themen aus den traditionellen Kernfächern Deutsch, Geschichte, Religion und Naturkunde, zum Beispiel: „Kaiser Rudolfs Ritt zum Grabe", „Die Eroberung Constantinopels durch die Türken", „Die Pariser Bluthochzeit", „Martin Luther", „Wilhelm Tell", „Die Tour nach Carlsruhe", „Ein Brief", „Der Mond in seiner Stellung zur Erde". Bei einer ansprechenden äußeren Form zeigt das Schriftbild im Verlauf des Jahres eine deutliche Entwicklung. Der positive äußere Gesamteindruck wird durch die wenigen diskret angestrichenen oder berichtigten Rechtschreibfehler nicht beeinträchtigt. Die Ausführungen geben die Unterrichtsinhalte wieder und bewegen sich im Rahmen des Erwarteten; kritische Reflexionen sind nicht zu erkennen. Diese Haltung, das strikte Befolgen von Vorgaben und eine Tendenz zur Oberflächlichkeit wurde Auguste Victoria später von ihren Kritikern zum Vorwurf gemacht.

Großen Wert legte man auf das Erlernen von Fremdsprachen, die im alltäglichen Umgang gepflegt wurden. Bereits die Kleinkinder lernten die Muttersprachen ihrer ausländischen Betreuerinnen. So waren Auguste Victorias erste sprachliche Äußerungen Englisch, erst später kamen deutsche Wörter hinzu, bis das Deutsche sich schließlich im Alltag weitgehend durchsetzte. Der Vater unterhielt sich mit seinen Geschwistern immer auf Dänisch, während die Mutter selbst mit der englischen Verwandtschaft meist auf Deutsch kommunizierte. Die in das jeweilige Exil nachgesandten Schulhefte Herzog Friedrichs, seiner Tochter, aber auch Wilhelms II. vermitteln einen Eindruck vom damaligen Fremdsprachenunterricht, der die mündliche Beherrschung der fremden Sprache vorauszusetzen schien: Neben einem diktierten deutschen Text musste die englische und französische Übersetzung notiert werden. Die Zahl der Rechtschreibfehler resultierte aus der nach Gehör gelernten Sprache, was auch teilweise erklärt, warum Wilhelm II. noch als Student seine englischen Briefe an die Mutter von dieser mit Fehlerkorrekturen zurückerhielt.

Der Zeichen- und Musikunterricht diente dem üblichen Zweck in der Ausbildung höherer Töchter, nämlich dem künftigen eigenen Hausstand einen kulturell gebildeten Ausdruck zu verleihen, dem Ehemann ein repräsentatives Heim zu gestalten, ihm Entspannung von den Alltagsanstrengungen zu ermöglichen und vor Gästen mit musikalischen Darbietungen zu glänzen. Dona besaß wohl keine gesanglichen Fähigkeiten, beherrschte aber das Klavierspiel. Sie übte gewissenhaft und fleißig, beherrschte Händelkonzerte und spielte mit der Schwester vierhändig Schuberts „Marsch für zwei Klaviere“ oder Beethovens „Trauermarsch“. Überhaupt liebte sie es, Mendelssohn und Beethoven, später auch Rossini, Wagner und Berlioz zu spielen und zu hören. Sie mochte anspruchsvolles Klavierspiel. Vor allem die Musik von Richard Wagner wurde im privaten Kreis gepflegt. Mit seltener und vielleicht naiv anmutender Begeisterung berichtete sie der Schwester: „W. hatte mir schon vom guten Klavierspiel eines Lieutnant von Schelling von den Husaren geschrieben. Wir luden ihn also zum Thee. Aber freilich meine Erwartungen wurden weit weit übertroffen. Ich glaube daß ich noch nie einen Dilettanten so habe spielen hören. Es war zu wunderschön und hinreißend hauptsächlich Wagner, alles auswendig und mit so unglaublich viel Gefühl und wundervollem Anschlag. Er hat sich die schönsten Parthien der neuen Sachen gewählt, Walküre, Siegfried, Rheingold und wie sie alle heißen [...] fabelhaft.“

Auguste Victoria wuchs als gläubige evangelische Christin unter praktizierenden Protestanten auf. „Sie wollte nicht, daß in irgendeinem Punkt von der Auffassung strenger Gläubigkeit abgewichen würde, in der sie ihr Vater, Herzog Friedrich VIII. von Augustenburg erzogen und Oberhofprediger Dibelius in Dresden eingesegnet hatte“, beurteilte der spätere Reichskanzler von Bülow ihre Haltung. Diese Aussage ist insofern zu korrigieren, als sie nicht von Dibelius und auch nicht in Dresden, sondern am 22. Mai 1875 durch Pastor Meißner in Primkenau konfirmiert wurde. Als Konfirmationsspruch gab er ihr den Vers aus der Offenbarung des Johannes 2,10 – „Sei getreu bis an den Tod, so will ich dir die Krone des Lebens geben“ – mit auf den Weg, der Vater fügte „Ohn Gottes Gunst all Thun umsunst“ als Segenswort hinzu.

Diese evangelische Christin lebte nach Luthers „Sola fide, sola gratia, sola scriptura“, was in ihrer Auffassung hieß: „Allein der Glaube, allein die Gnade, allein die Schrift.“ Sie fühlte sich ganz in der Hand Gottes und war sich seiner Gnade sicher, vertraute auf seinen Schutz und beugte sich seinem Willen. In schwierigen Situationen klammerte sie sich daran und stärkte so ihren Durchhaltewillen. „Der Glaube an Gott hält uns aufrecht“, schrieb sie viele Jahre später der Tochter aus dem Exil. Ohne ihren Gottesglauben ist Auguste Victoria, deren Frömmigkeit oft als Bigotterie abgewertet wurde, nicht zu verstehen. In Gesprächen und Briefen vergaß sie nur selten, Gott nach glücklichen Ereignissen zu danken und eigene Wünsche mit dem Hinweis auf Gottes Willen zu relativieren: „Gotte sei gelobt, daß ich Dir melden kann [...]“, „So Gott will, bin ich morgen [...]“ oder „Ich weiß, Du nimmst aus Gottes Hand, was er Dir schickt“, lauten ihre Aussagen. Die Berufung auf

Gott steigerte sich in kritischen Situationen zu einer individuellen Beschwörung: „Gott bewahre uns vor Krieg!“ oder „Gott wird weiter helfen!“

Zur Alltagsbewältigung – vor allem in weniger glücklichen Zeiten – war ihr die Verkündigung von Gottes Wort in den Predigten wichtig. Von einer Predigt wollte sie sich persönlich angesprochen fühlen: „Ich weiß nur, daß diese Predigt mich packte und wieder Lebensmut gab“, schrieb sie der Schwester 1882. Wie für die Altlutheraner ihrer schlesischen Heimat war auch für sie die Bibel Gottes – von ihm selbst gegebenes – Wort. Deshalb nahm sie den Text wörtlich. Jeden Tag begann sie mit dem Lesen der Losungstexte der Herrnhuter Brüdergemeine, obwohl sie kein Mitglied war. Die von Graf Zinzendorff 1722 in Herrnhut gegründete pietistische Gemeinschaft vertrat eine Frömmigkeit ohne dogmatische Fesseln. Seit 1731 gab sie jährlich die „Losungen“ heraus, die für jeden Tag des Jahres ein Wort des Alten und des Neuen Testaments sowie einen Vers aus dem Gesangbuch enthielten. Ihrer Schwester gegenüber bekannte sie 1886: „Die Sprüche aus der Loosung sind schön, möchten sie sich bewahrheiten!“ Die Losungen begleiteten sie durch ihr ganzes Leben.

Einen hohen Stellenwert nahmen auch die Gebete ein. Sie sah diese als Bitten; die Entscheidung über ihre Erfüllung überließ sie Gott. Sie betete aus unterschiedlichsten Anlässen, um einen Sohn für die Schwester, um Gesundheit, um Frieden, um Hilfe in ausweglosen Situationen. Fast fordernd klammerte sie sich daran. „Er der Herr erhört die Gebete und wird wohl helfen, wenn er uns so ins finstere Tal führt und doch müssen wir uns auf ihn verlassen“, schrieb sie am 23. Dezember 1918. Nach Jahren der Hast und Anspannung sah Auguste Victoria das Gebet als einzige Möglichkeit, aktiv etwas für ihre Situation zu tun. Für sie wie später für ihren Ehemann war Gott zeitlebens der Herr, die höchste Autorität, aber nie der „liebe“ Gott. Eine derartige Apostrophierung würde ihre religiöse Grundhaltung verkennen.

III. Die Halbwaise wird Prinzessin von Preußen

Friedrich Wilhelm Victor Albert von Preußen und Augusta Victoria Friederike Luise Feodora Jenny zu Schleswig-Holstein-Sonderburg-Augustenburg hatten aus Zuneigung am 27. Februar 1881 die von beiden Elternpaaren schon früh erwogene und gewünschte Ehe geschlossen. Die erste bewusste Begegnung der damals neunjährigen Kinder im Sommer 1868 war kein zufälliges Zusammentreffen zweier befreundeter Familien; es war beabsichtigt und sorgfältig geplant worden. Das preußische Kronprinzenpaar hatte den vorgesehenen mehrwöchigen Aufenthalt in Schloss Reinhardsbrunn bei Gotha öffentlichkeitswirksam vorbereitet.

Für die benötigten 27 Zimmer schaffte man erhebliche Mengen an Hausrat aus Berlin herbei. Der Gothaer Herzog Ernst II. kümmerte sich selbst um die Renovierungsarbeiten. Völlig außerhalb ihrer sonstigen Gepflogenheit hielten sich sowohl Herzog Friedrich als auch seine Frau in Gotha bei den Kindern auf. Es kam also nicht zu der legendären „zufälligen" Erstbegegnung im Wald um das 15 Kilometer von Gotha entfernte Schloss. Vielmehr freuten sich beide Familien auf den Besuch der Augustenburger bei den Preußen.

Schloss Reinhardsbrunn bei Gotha.

Hatte man erwartet, dass einer von beiden – wie damals, als die zehnjährige Vicky erstmals ihren späteren Ehemann traf – sofort Feuer fangen würde? Wilhelm und Dona begegneten sich wohlerzogen ohne übermäßige Emotionen und beschäftigten sich ebenso wie Heinrich und Calma in der von den Eltern gewünschten Weise. Eine ihren Plänen entgegenstehende Abneigung spürten die Eltern nicht. Durch die verwandtschaftliche Beziehung der beiden Mütter blieb man in regelmäßigem Kontakt. Im Krieg 1870/71 meldete sich Herzog Friedrich zunächst in einem bayerischen Regiment, bat aber die Kronprinzessin, beim Kaiser seine Versetzung in den Stab des Kronprinzen zu erwirken. Das gab beiden Vätern auch Gelegenheit, die Zukunft ihrer ältesten Kinder zu planen.

Als Queen Victoria im Frühjahr 1875 in Gotha mit ihrer Tochter Vicky zusammentraf, sollen die Heiratspläne konkret geworden sein. Jedoch ist die Queen als Förderin oder gar Urheberin des Heiratsplanes auszuschließen. Als Realistin der Macht teilte sie nicht den Grundgedanken der Tochter, durch eine Heirat ihres ältesten Enkels mit der Tochter des als liberal geltenden Herzogs den Liberalismus in Preußen zu stärken. „In Beantwortung des Projekts einer Heirath Wilhelms möchte ich mich gern ganz passiv verhalten, da die Sache zu wichtig für Deutschland und Eure Familie ist, um daß ich einen Rath geben könnte. Niemand kann daran zweifeln, wie lieb ich unseren Enkel so wie auch die Enkelinnen meiner lieben theuren Schwester, die liebe, gute, hübsche Mädchen sind, habe, aber ich möchte kein Urtheil darüber äußern. Von Herzen wünsche ich das Glück unseres Enkels, das so viel zu dem seiner Eltern und Großeltern beitragen kann“, schrieb 1879 die englische der deutschen Großmutter, die Queen der Kaiserin Augusta, als sich diese um Unterstützung bei der Queen bemühte.

Während sich Auguste Victoria im Herbst 1875 in ihren Meininger Vetter Ernst verliebt hatte, weckte seine Darmstädter Cousine Ella in Wilhelm heftige Gefühle. Der Herzog informierte seine Tochter sofort und unmissverständlich über die Aussichtslosigkeit einer derartigen Verbindung. Wilhelms Eltern hofften auf eine Ablenkung von Ella durch Victoria und luden das Herzogspaar mit den beiden Töchtern nach Potsdam ein. Zwischen Wilhelm und Dona entstand eine nicht zu übersehende Zuneigung. Ella war vergessen, Ernst wurde zur Erinnerung. Die Eltern vereinbarten einen Gegenbesuch Wilhelms in Primkenau. Um Aufsehen zu vermeiden, gab man eine Auerhahnjagd in Görlitz als Anlass der Reise aus. Wilhelm jedoch fuhr am 18. April 1879 statt nach Görlitz in das etwa 70 Kilometer entfernte Primkenau und traf dort die vor wenigen Tagen aus Pau zurückgekehrte Auguste Victoria. In ihrer eigenen Umgebung entwickelte sie eine Wilhelm faszinierende Ausstrahlung.

Nun begann der fast ein Jahr dauernde Kampf um die Verlobung. Nicht nur Kaiser Wilhelm I., Bismarck und Kaiserin Augusta mussten von der menschlichen Qualität Auguste Victorias überzeugt werden, auch staatspolitische Bedenken und Hindernisse waren zu beseitigen. Die avisierte Braut entsprach keineswegs der Vorstellung von Kaiser und Reich: zu arm, zu unbedeutend, vielleicht nicht einmal standesgemäß, drei Monate älter als Wilhelm und nicht weltgewandt genug – das waren die häufig in der Presse, im Kreis der Familie und am Hofe geäußerten Meinungen. In dem bereits erwähnten Mémoire vom April 1879 für das Kaiserpaar nahmen Wilhelms Eltern zu den Hauptargumenten gegen die von ihnen gewünschte Schwiegertochter Stellung. Sie betonten, allen ihren Kindern eine freie Partnerwahl ermöglichen zu wollen. Nach dem Hausgesetz sei das stärkste Hindernis für die Eheschließung eine fehlende Ebenbürtigkeit, da sie Wilhelm von der Erbfolge ausschließe. Doch müsse der internationale Grundsatz gelten, „daß überall als ebenbürtig anzusehen ist, wer in seinem eigenen fürstlichen Hause als ebenbürtig anerkannt ist", zumal Wilhelm I. bei früheren Anlässen die herzogliche Familie als ebenbürtig behandelt habe. Wegen der Bedenken gegen eine zu frühe Heirat Wilhelms verwies Vicky auf ihren Vater, der bei seiner Hochzeit noch ein Jahr jünger gewesen sei. Zudem gebiete das dynastische Interesse eine frühe Heirat Wilhelms, denn nur noch zwei der ursprünglichen vier Söhne des Kronprinzenpaares seien am Leben. Der Fortbestand einer Dynastie galt erst als gesichert, wenn in der nächsten Generation drei Söhne existierten. Die Wahl sei auf Auguste Victoria gefallen, da Wilhelm keine der standesgemäßen heiratsfähigen Prinzessinnen gefallen habe. Ausländische oder katholische hätten es in Preußen zu schwer. Die deutschen evangelischen Prinzessinnen seien weniger geeignet als Auguste Victoria, wegen zu naher Verwandtschaft und dem damit verbundenen Risiko der Übertragung der Bluterkrankheit oder weil sie zu jung, zu alt, zu wenig anziehend oder zu kränklich seien bzw. aus einer preußenfeindlichen Familie wie Hilda von Nassau stammten.

Kein milderndes Argument fanden Wilhelms Eltern für Auguste Victorias Vater, der seit der Einverleibung der Elbherzogtümer in den preußischen Staat nicht auf seine Rechte und Ansprüche verzichtet hatte und dem preußischen Hof als Thronanwärter gegenüber stand. Diesem letzten Hindernis half der Brautvater durch eine Erklärung ab, die nach seinem Tod übergeben wurde. Zwar war es nicht die gewünschte Verzichterklärung. Sie stellte Bismarck durch ihre Kernaussage aber dennoch zufrieden: „Würde Schleswig-Holstein wie vor 16 Jahren unter fremder Herrschaft stehen und nicht im Laufe der Ereignisse an Preußen und dadurch an Deutschland gekommen sein, so würde nichts mich abhalten, mit allen erlaubten Mitteln die Losreißung desselben vom Auslande und die Vereinigung desselben mit Deutschland anzustreben. Das Land aber gehört jetzt völkerrechtlich anerkannt und in fester Verbindung zum Deutschen Reiche, und die Macht seiner Majestät des Kaisers und Königs sichert diese Zusammengehörigkeit. Was ich darüber hinaus erstrebte, habe ich dem nationalen Gedanken untergeordnet." Diese Erklärung hatte er mit Hilfe seines Freundes Samwer und in deutlicher Abgrenzung gegen die Pläne von Bruder und Sohn, die mit einer Verzichtserklärung eine Entschädigung durch Preußen erkaufen wollten, verfasst.

Während eines Kuraufenthaltes in Wiesbaden verstarb der Herzog am 14. Januar 1880 an einem Herzleiden, bevor über eine Verlobung entschieden worden war. Seine Witwe wollte angesichts von fünf zu versorgenden Kindern einen möglichst raschen Abschluss der Verhandlungen erreichen. Sie ließ durch ihren Bruder mitteilen, dass Auguste Victoria ins Gerede komme und man doch wenigstens eine stille Verlobung vornehmen solle. Als nachträgliches Geschenk zum 21. Geburtstag erlaubte der Kaiser am 28. Januar 1880 seinem Enkel, sich Auguste Victoria und ihrer Mutter „zu erklären". Die Herzogin und ihre beiden ältesten Töchter hielten sich seit dem Tod des Herzogs in Primkenau auf. Sie wurden nach Gotha beordert, damit das Zeremoniell unter der Schirmherrschaft eines Souveräns in Vertretung des Brautvaters stattfinden konnte. Adelheid traf erst in der Nacht vom 11. auf den 12. Februar mit Dona und Calma im Gothaer Stadtpalais ein. Am Vormittag des 14. Februar hielt der Hofwagen Herzog Ernsts II. von Sachsen-Coburg und Gotha mit einem preußischen Lakaien auf dem Bock vor dem Augustenburger Palais. Diesem entstiegen der Herzog und ein recht junger Mann mit einem großen Strauß prächtiger Marschall-Niel-Rosen, der 21-jährige Erbprinz Wilhelm von Preußen. Für die öffentliche Wahrnehmung schien es nahezuliegen, dass der Gothaer Herzog und sein Großneffe persönlich zum Tod Herzog Friedrichs kondolieren wollten. Jedoch: Einige Stunden später trug Victoria einen Verlobungsring. Am Abend besuchte Herzog Ernst mit seiner Ehefrau und dem Bräutigam erneut das Haus der Brautmutter und sorgte für ein erstes ungestörtes Zusammensein des Brautpaares. Auch den nächsten Vormittag verbrachte Wilhelm bis zu seiner Abreise bei seiner Braut.

Nun konnte diese stille Verlobung nicht mehr geheim gehalten werden; der Kaiser gestattete dem Kronprinzen am 17. März, die Verlobung der nahen Verwandtschaft „ins Ohr zu sagen". Noch am 13. März hatte der „Berliner Börsenkurier" seine Leser beruhigt – eine Verlobung mit der Augustenburger Prinzessin sei unwahrscheinlich. Wilhelm sei zu jung; sein Alter entspreche dem Friedrichs II. bei der Heirat. Da sich dessen Ehe als Fiasko erwiesen hatte, heirateten preußische Thronerben nicht mehr in so jugendlichem Alter. Außerdem komme – wenn überhaupt – nur die jüngere Calma in Frage. Aber vermutlich werde man an eine andere Allianz denken.

Am 21. Mai beorderte Kaiserin Augusta Hermann zu Hohenlohe, den Onkel und Vormund Auguste Victorias, zu sich und teilte ihm mit, die offizielle Verlobung werde Anfang Juni in Berlin gefeiert. Alle Beteiligten atmeten auf – endlich war es geschafft! Bei der Verlobung am 3. Juni in Schloss

Ernst II. von Sachsen-Coburg und Gotha und seine Ehefrau Alexandrine von Baden feierten 1867 ihre Silberhochzeit.

Babelsberg machte der alte Kaiser selbst die Braut seines Enkels mit der neuen Familie bekannt. Die Anwesenheit des Fürsten Bismarck, der den Kaiser von sich aus um eine Einladung gebeten hatte, erregte besonderes Erstaunen. „Es war damit gewissermaßen der Sache der Abschluß gegeben, indem der Fürst dadurch zu erkennen gab, daß er das, dem Hause Augustenburg zugefügte Unrecht, wieder gut zu machen die Absicht hatte", schrieb der Bräutigam seiner Großmutter. Letztlich akzeptierten Kaiser und Reichskanzler den Wunsch Wilhelms und seiner Eltern, weil die Annexion der Herzogtümer jeglichem Recht widersprochen hatte. Dieser Rechtsbruch sollte durch die Zustimmung zur Heirat mit einer unvermögenden Braut getilgt werden.

Den Juni verbrachten Dona und Calma beim Kronprinzenpaar im Neuen Palais, bevor sie mit ihrem Onkel Christian, dem derzeitigen Oberhaupt des Hauses Augustenburg, nach London fuhren. Auguste Victoria sollte dort ein wenig höfische Atmosphäre schnuppern. Außerdem hatte ihre Mutter die Kronprinzessin gebeten, den Trousseau, also die Aussteuer, zu besorgen. Vicky delegierte die Aufgabe an ihre Londoner Schwester Helena, während in Potsdam die Wohnungsfrage erörtert wurde. Bereits dabei hatte sich das Brautpaar gegen die Einmischung der Verwandtschaft zu wehren. Laut Hausgesetz wies das Oberhaupt des Hauses den Familienmitgliedern die Wohnungen zu. Der Kaiser korrespondierte mit seiner Frau, die ihm aus Gastein ausführlich beschrieb, welche Räume dem Enkel im Potsdamer Schloss neben dem Marmorpalais zugewiesen werden sollten. Zwei alte Leute diskutierten also brieflich, wo und wie der Enkel nach der Heirat wohnen sollte! Die Kai-

Jugendbild Auguste Victorias, 1880.

serin kannte die Sparsamkeit ihres Mannes und vermutete einen erheblichen Renovierungsbedarf in den vorgesehenen Räumen. Deshalb vereinbarte sie mit Wilhelms Mutter eine gemeinsame Besichtigung. Sofort zog die Kronprinzessin die Aufsicht über die Ausgestaltung der Wohnräume an sich und ließ nach englischem Vorbild die Öfen durch Kamine ersetzen, was wegen der unzulänglichen Wärmeleistung wieder rückgängig gemacht werden musste. Auch bei der Möblierung kam es zu Konflikten.

Wilhelm beklagte sich bei seiner Braut über die Eigenmächtigkeiten seiner Mutter. Auf Ausgleich bedacht, suchte sie ihn zu beruhigen: „Armer Schatz, ich verstehe daß es höchst ärgerlich ist, wenn Deine Mama Alles was Du Schatz mit Mühe und vielen Überlegungen und endlich vielleicht zu Deiner Zufriedenheit eingerichtet hast als häßlich bezeichnet; Du mußt jedoch bedenken, daß sie mit ihrem Blick für künstlerische Arrangements manches häßlich finden wird, was Du und ich Schatz vielleicht hübsch finden werden. Also mußt Du Herzensschatz Dich nicht decouragiren lassen, ich werde mich auf alle Fälle über das freuen, was Deine Liebe für mich vorbereitet hat. Aber der Rath Deiner Mama wird Dir gewiß oft nützlich sein können bei den Einrichtungen“, schrieb sie ihm am 20. Januar 1881 aus Windsor.

Doch Wilhelm wollte keine Kompromisse; sie sollte in allen Fragen allein seine Ansicht vertreten und ihm vertrauen. Seine Mutter hatte nämlich nicht nur den gesamten Trousseau in England besorgen lassen, sondern auch ohne sein Wissen die Eheringe bei einem Londoner Juwelier in Auftrag gegeben, während Wilhelm sie in Berlin anfertigen ließ. Wilhelm setzte sich durch; der englische Auftrag musste storniert werden.

Auch die Abfassung des Ehevertrags bereitete Probleme. Dem Kaiser stand für dessen Unterzeichnung kein Souverän und noch nicht einmal ein volljähriges Oberhaupt des Hauses Augustenburg gegenüber. Auf herzoglicher Seite wurden schließlich die Brautmutter und Christian, der Schwiegersohn der Queen, dazu legitimiert. Das in rotem Samt eingebundene und mit sechs an Silberschnüren befestigten Siegelkapseln ausgestattete Vertragsexemplar der Augustenburger Seite ist im Landesarchiv Schleswig zu bewundern. Es liegt in einer Kassette aus rotem Leder. Die ersten Seiten füllen die in Fraktur auf Pergament geschriebenen Titel der Beteiligten aus. Den Vertragstext selbst hielt man in Sütterlinschrift auf handgeschöpftem Büttenpapier fest. Nach Artikel 2 des Ehekontrakts bestand das Heiratsgut der Braut aus einer Summe „von 45 Tausend Mark, welche binnen eines Jahres nach der Vermählung" zu entrichten war und mit 4,5 Prozent verzinst werden sollte. Außerdem versprachen die Augustenburger, dass sie die Braut „mit fürstlichen Kleidern, Schmuck, Kleinodien dergestalt ausstatten und versehen, wie einer Prinzessin aus unserem Herzoglichen Hause eignet und gebühret". Was darunter zu verstehen war, zeigt die Trousseauliste. Sie zählt neben dem Hochzeitskleid zum Beispiel weitere 29 Kleider, davon elf Abend- und acht Morgenkleider, zehn Kleiderstoffe, 20 Mäntel, sieben Schals, 17 Hüte, etwa 50 Meter Spitze, je sechs Dutzend Hemden, Nachtkleider und Beinkleider, zwölf Dutzend Handtücher und elfeinhalb Dutzend Handschuhe auf. Die Kosten für den 23 Personen zuzüglich Küchen- und Stallpersonal umfassenden Hofstaat der künftigen Prinzessin Wilhelm wie für die „während der Ehe erforderlichen Ausgaben, namentlich für Tafel, Holz, Licht Equipage und Pferde wie für Gehalt, Livreen und Emolumente des Hofstaates und der Dienerschaft" hatte der Ehemann zu tragen.

Artikel 14 regelte Erziehung und Vormundschaft der Kinder, die „allein Uns, dem König von Preußen und Unseren Nachfolgern in der Krone gebührt". Dem preußischen König kam somit das Entscheidungsrecht in allen Fragen der Erziehung und Vertretung der Kinder nach außen zu. Weder der Vater, solange er nicht König von Preußen war, noch die Mutter konnten sich seinen Weisungen verschließen. Das hätte zu erheblichen Konflikten führen können, falls das damalige Kronprinzenpaar nach Wilhelms I. Tod die übliche Zeit regiert und die Kronprinzessin ihre Erziehungsvorstellungen gegenüber Auguste Victoria durchgesetzt hätte. Aber auch als Königin war Dona an Weisungen ihres Ehemannes gebunden, selbst beim Umgang mit

Säuglingen. Damit verfügte sie über weniger Rechte als jede andere preußische Mutter. Den Müttern stand in der Tradition des preußischen Landrechts die Kindererziehung bis zum dritten Lebensjahr mit Ausnahme der Außenvertretung zu. Ein recht modern anmutender Passus des Ehevertrags besagt, dass für die Schulden eines Ehepartners der andere nicht aufkomme. Sie führten also getrennte Kassen und waren für ihre Ausgaben einander nicht rechenschaftspflichtig!

Die Hochzeitsfeierlichkeiten begannen am 25. Februar 1881, einem Freitag, mit dem Abholen der Braut aus Primkenau – dafür hatte der Kaiser einen Sonderzug zur nächstliegenden Bahnstation Sagan geschickt – und ihrer Einführung in die neue Familie im Schloss Bellevue. Am nächsten Tag hielt sie an der Seite ihrer Schwiegermutter in Berlin Einzug. Als die Kutsche das Brandenburger Tor passierte, läuteten nicht etwa die Kirchenglocken – in Preußen ertönten 24 Kanonenschüsse. Mit einer kurzen Dankesrede hatte die Braut auf die Begrüßung durch den Oberbürgermeister von Forckenbeck zu antworten. Obwohl ihr das öffentliche Reden ausgesprochene Schwierigkeiten bereitete, erntete sie nur Lob. Der Sonntag bildete den Höhepunkt der fünftägigen Festlichkeit. Um 18.30 Uhr vollzog der Minister des königlichen Hauses die knappe standesamtliche Eheschließung. Bereits 15 Minuten später setzte die Kaiserin der Braut die Prinzessinnenkrone auf. Inzwischen formierte sich der Hochzeitszug, den der Hofmarschall, Kammerjunker und Kavaliere anführten. Dann kam das Brautpaar mit seinem Gefolge. Der Kaiser führte die Königin von Sachsen und die Mutter der Braut. Für letztere bedeutete es den Höhepunkt ihres Lebens. Die Kaiserin folgte mit dem König von Sachsen und dem Prinzen von Wales vor der übrigen Verwandtschaft. Oberhofprediger Dr. Koegel vollzog die Trauung. Während des Ringwechsels wurden dreimal zwölf Kanonenschüsse abgefeuert. Auch das nahm die aus einer eher militärfernen Familie stammende Braut, die Orgelmusik, Gesang oder Glockenläuten erwartet haben mochte, mit Gelassenheit. Das Fazit des Tages telegrafierte das Kronprinzenpaar dem Onkel der Braut nach Langenburg: „Die Braut wie auch ihre Mutter haben allgemein vortrefflichen Eindruck hinterlassen und hielten sich sehr gut. Alles verlief in schönster befriedigendster Weise."

Am nächsten Morgen hatte das Brautpaar um 11 Uhr den Gottesdienst zu besuchen und zwei Stunden später die Visitenfahrt, also die Antrittsbesuche durch Abgabe ihrer Karte, zu absolvieren. Nach Familienessen, Galadiners und Opernaufführungen schloss am Abend des Dienstags ein Kostümhofball die Feier ab. Mit dem Einzug in Potsdam und in ihre Wohnung im dortigen Stadtschloss begann der Ehealltag. Wilhelm verspürte keine Lust auf eine Hochzeitsreise, da beide es so gemütlich hätten, wie Auguste Victoria der Schwester am 9. März mitteilte. Der später als „Reisekaiser" apostrophierte verzichtete zugunsten der häuslichen Gemütlichkeit auf eine Reise!

Die Ehe hatte verheißungsvoll begonnen. Auguste Victoria zeigte sich trotz ihrer Zurückhaltung den Anforderungen gewachsen. Glanz und Ehrungen nahm sie gelassen ohne sichtbares Staunen hin. Wichtiger war ihr, dass bei einem Gottesdienst in der Garnisonkirche Wilhelm nach der telegrafisch eingeholten Genehmigung des Kaisers neben ihr sitzen durfte, statt bei seiner Kompanie auf der Empore. Die arrangierte, aber mit gegenseitiger Zuneigung geschlossene Ehe wurde für Auguste Victoria zunehmend, für Wilhelm wohl erst später zu einer Liebesheirat. Der Schwester bekannte sie am 14. Mai 1881: „Liebes Kindchen, Du fragst mich, ob ich mich auch so doomed fühlte als ich von Wilhelms Liebe hörte, nein dies nicht, aber ich muß sagen, daß ich ihn zuerst lange nicht so lieb hatte wie jetzt, sondern daß es immer mehr und mehr wurde und wie lieb ich ihn jetzt habe, kann ich Dir nicht sagen." Der Briefwechsel aus der Verlobungs- und frühen Ehezeit bestätigt nicht die in der Literatur geäußerte These, Wilhelm sei aus einer klaustrophobischen Ehe in die ihm vertraute Männergesellschaft und den als homoerotisch bezichtigten Liebenberger Kreis geflohen. Der Alltag mit einer Frau war für ihn neu, aber nicht reizlos. So schrieb Auguste Victoria am 12. März nach Primkenau: „Unsere Tageseinteilung ist wie folgt; ½ 9 Uhr Vormittag Frühstück; ¾ 9–11 oder 12 W Dienst. ¾ 9 höre ich den Koch oder habe Briefe zu lesen, das Meldebuch anzusehen etc. 9–10 schreibe ich Briefe oder lese. 10–½ 11 Gräfin Brockdorff zum Vortrag; bis 11 Liebenau zum Vortrag. Für 11 bestelle ich dann gewöhnlich den Wagen und fahre nun mit der Gräfin Keller aus. Im Neuen Garten oder in der Anlage lasse ich halten. Hier steigen wir aus und gehen nun wie die höheren Gefangenen mit einem Bediensteten hinter uns spazieren. Um 12 Uhr Lunchen, danach wird glaube ich H. v. Ende auf eine Stunde für seinen Vortrag über Armensachen etc. bekommen. Sonst ist die Zeit von ½ 1 bis 2 oder 3 die Zeit wo W. hier ist, den einen Tag fuhr er mit mir aus. Um 5 Uhr Diner. Nachher stehen oder sitzen wir noch länger herum mit den Damen. Abends liest W. oder ich lese oder schreibe. Wir wollen auch ein Buch zusammen lesen. Um 9 oder ½ 10–¾ 10 zu Bett."

Wilhelm und seine Frau verbrachten möglichst viel Zeit zusammen, beispielsweise auch beim Anfertigen von Majolikamalereien für Basare oder zum Verschenken. Auffällig sind die unterschiedlichen Beschäftigungen im gleichen Raum. Man erwartet Gespräche, aber davon wird nicht berichtet. Entweder waren sie selbstverständlich und deshalb nicht erwähnenswert oder Auguste Victorias Diskretion hinderte sie, davon etwas mitzuteilen.

Die ersten Ehemonate waren eine Zeit des Kennenlernens, des Abgleichens der Bilder, die man sich während der Verlobungszeit voneinander gemacht hatte, mit der Wirklichkeit. Ging es Auguste Victoria so, wie es Walter Rathenau 1919 schilderte? „Ich kannte die schneidigen Jugendbilder mit breiten Backen, gestäubtem Schnurrbart, drohenden Augen. [...] Da saß ein jugendlicher Mann in bunter Uniform, mit seltsamen Würdezeichen, die weißen

Hände voll farbiger Ringe, Armbänder an den Handgelenken; zarte Hand, kleine weiße Zähne. [...] Viele haben es mir seitdem gestanden: hilfsbedürftige Weichheit, vergewaltigte Kindheit, die hinter physischer Kraftleistung, Hochspannung, schallender Aktivität fühlbar wurde, hat sie ergriffen und empfinden lassen: diesen Menschen muß man schützen und mit starkem Arm behüten." Wie ihre Schwiegermutter bestand Auguste Victoria auf dem in ihrer Gesellschaftsschicht unüblichen gemeinsamen Schlafzimmer als Zeichen des Zusammenlebens. Hier konnten sie ungestört Gespräche führen, Meinungsverschiedenheiten austragen und in ihrer Prinzen- und Kaiserehe ein gewisses Maß an „Normalität" genießen. Nach der Meinung der Hofgesellschaft hatten die beiden letzten Kaiserinnen „das Ehebett zum Kult erhoben", wie es Reichskanzler von Bülow ausdrückte. Beide Frauen besaßen entgegen der gängigen Auffassung von ehelichen Pflichtübungen Freude an der Sexualität. Schon in den Brautbriefen zeigte sich Auguste Victoria nicht als das von der Tradition geforderte züchtig-verschämte und unwissende Mädchen.

Dennoch hatte Wilhelm zwischen 1884 und 1886 – außer einer vorehelichen – mindestens eine außereheliche Affäre. Die „Miss-Love-Affäre" vom Herbst 1879 brachte Wilhelm vermutlich seine erste sexuelle Erfahrung. Obwohl Schweigegeld gezahlt wurde, sind die tatsächlichen Umstände immer noch ungeklärt. Wilhelm hatte stets bestritten, die seine Handschrift aufweisenden und ihn belastenden Briefe an Miss Love geschrieben zu haben. Das Interesse der Familie Bismarck an ihrem Rückkauf und die Verwahrung im Safe von Friedrichsruh sowie die zeitnahen Gerüchte, Bill Bismarck und Offiziere Wilhelms I. seien die Freier der Emilie Klopp, die sich Miss Love nannte, gewesen, werfen weiterhin Fragen auf. Die Behauptung, Wilhelm sei der Vater der unehelichen Tochter Klopps gewesen, wirkt nach dem letzten Briefwechsel zwischen dem Nachlassverwalter von Frau Klopp und dem Chef des geheimen Zivilkabinetts Lucanus von 1897 eher unwahrscheinlich. Zwar ließ Wilhelm der am 26. Juli 1894 gestorbenen Frau Geld überweisen; das kann jedoch kaum als Unterhalt für ein 1894 etwa 14-jähriges und in armseligen Verhältnissen bei Frau Klopps Schwestern lebendes Mädchen angesehen werden. Wegen des öffentlichen Aufsehens konnte Wilhelm die angebliche Vaterschaft nicht gerichtlich klären lassen und zahlte deshalb Schweigegeld. Sein erster Sexualkontakt mit der 14 Jahre älteren Emilie Klopp war weder anstößig noch ungewöhnlich. Die Gesellschaft akzeptierte, dass ein junger Mann vor der Ehe sexuelle Erfahrungen sammelte. Deshalb verwundert die vertuschende Haltung Wilhelms und seiner Berater. Sie erfährt allenfalls durch die hohen moralischen Maßstäbe, die Wilhelm bei seinen Offizierskameraden vertrat, eine Erklärung.

Eindeutig belegbar ist, dass Wilhelm während der regelmäßigen herbstlichen Jagdreisen in Österreich gleichzeitig eine Affäre mit Ella Sommssich und Anna (Maria) Homolatsch begonnen und mit einer Geldzahlung von 150.000

Mark beendet hatte. Trotz des nachgewiesenen Aufenthalts mindestens einer der Damen in Berlin bleibt Vieles Spekulation. Falls Wilhelm die Affäre in Berlin fortgesetzt haben sollte, hätte er dazu hochrangige Helfer gebraucht, die daran interessiert sein mussten, mit ihm ein zweifelhaftes Geheimnis zu teilen. Die 2006 in Wien veröffentlichten Forschungsergebnisse von Jean-Paul Bled lassen bei den Kontakten Wilhelms zu den beiden Prostituierten an eine Intrige des Kronprinzen Rudolf denken. Rudolf, so Bleds These, habe damit neben Wilhelm auch den eigenen Vater wegen dessen Zuneigung zu Wilhelm treffen wollen. Ein Kind der Homolatsch mit einem russischen Offizier rechnete der Gesellschaftsklatsch ebenfalls Wilhelm zu. Rudolfs Aufzeichnungen über Wilhelms österreichische Abenteuer hatte er 1888 an eine französische Zeitung gesandt. Sie wurden erst nach seinem Tod veröffentlicht.

Da die meisten zeitgenössischen Beobachter die Prinzenehe als vorbildlich beschrieben, hatte Auguste Victoria eigentlich keinen Grund zu Misstrauen. Obwohl ihr die Gepflogenheiten des Mätressenwesens in ihrem Umfeld nicht unbekannt waren, lag es außerhalb ihrer Vorstellungskraft, Wilhelm damit in Verbindung zu bringen. Auch die Briefe an die Schwester enthalten keinen entsprechenden Hinweis. Ob sie wie betrogene Ehefrauen häufig als letzte von der Affäre ihres Ehemannes erfuhr, ob sie ihre Stärke dadurch bewies, dass sie alle Anzeichen ignorierte und Wilhelm beständig ihrer uneingeschränkten Sehnsucht und Liebe versicherte, oder ob aus dem Jahr 1885 keine Briefe an Wilhelm erhalten sind, weil sie nicht ahnungslos blieb, weiß man nicht. Philipp von Eulenburg-Härtefeld, ein Freund des Hauses, schien Auguste Victoria die Kenntnis der Untreue Wilhelms zu unterstellen, wenn er etwas kryptisch äußerte: „Die ursprüngliche, mächtig-kraftvolle Natur des Kaisers, die unter dem Eindruck des Frauen- Regiments in seinem Elternhause stand, bäumte sich im Anfang gegen die Fesseln der Ehe auf – aber er fand keinen Widerstand; die logische Folge war ein Erlahmen solcher Ungelehrigkeit, und die Kaiserin siegte durch Passivität. Daraus ergab sich des Kaisers Anerkennung und Hochhaltung jedes gesunden und einfachen Ehestandes." Abwegig erscheint Eulenburgs Bemerkung nicht. Sicher lernte Wilhelm aus den Schwierigkeiten, in die ihn die Affären nicht nur in finanzieller Hinsicht gebracht hatten. Seit 1888 mag auch die größere Verantwortung gegenüber seinen heranwachsenden Kindern und die unverbrüchliche Treue seiner Frau dazu beigetragen haben. Sie bekannte nach neun Ehejahren: „Wir haben manche traurige Stunde gehabt, aber auf unsere Ehe ist nie ein Schatten gefallen."

Über ehelichen Anfangsschwierigkeiten half auch der gemeinsame Glaube hinweg. Auguste Victoria sah ihr Versprechen „for better for worse" als Basis ihrer Ehe an. „Er soll dein Herr sein" (1. Mose 3,16) war für sie göttliche Setzung und mehr als eine durch Erziehung vermittelte zeitabhängige Auffassung. Sie teilte sie mit Wilhelm, der sich auch damit von seinem Elternhaus absetzte. Mit gleicher Selbstverständlichkeit galt für beide die Umformung des alttestamentlichen Gebotes zur Forderung an eine christliche Ehe. Im Neuen Testament sind die Frauen zwar noch immer ihren Männern untertan und haben sie zu fürchten. Im Gegenzug wird von den Männern aber auch verlangt, ihre Frauen zu lieben wie sich selbst. Diese christliche Basisforderung erfüllte Wilhelm im Rahmen seiner charakterlichen Möglichkeiten. Manchmal übertrieb er, wenn er seine Frau nach einer Reise mitten in der Nacht mit militärischen Ehren empfangen wollte. Da bremste sie ihn und telegrafierte nach Wilhelmshaven: „dank für nachrichten – bin gerührt über freundliche absicht mich mit ehrenwache in Wilhelmshaven zu empfangen. Bitte dringend es zu unterlassen da ankunft ¾ 11 uhr abend. Freue mich sehr. Victoria." Und sie errötete, als er sie bei der ersten offiziellen Reise nach Nordschleswig als die schönste Blume Schleswig-Holsteins bezeichnete.

Ihr Ehemann stand für sie an erster Stelle, noch vor den Kindern. Auf das Zusammensein mit ihnen verzichtete sie, um ihn während seiner Masernerkrankung im Winter 1886 selbst zu pflegen. Sie umsorgte ihn wie eine gute Ehefrau „im bürgerlichen Sinn, die ihren Mann aufrichtig liebte", meinte Wilhelms Adjutant Müller. Das sollte ihre unhöfische Verhaltensweise als etwas Unübliches und Neues, aber für den Betroffenen Wohltuendes charakterisieren. Sie bewunderte die Fortschritte in der Ausbildung seiner Truppen. Sie gab ihm Bestätigung und deckte seinen unübersehbaren Nachholbedarf an Lob und Anerkennung selbst dann noch ab, als nicht mehr seine Leistung, sondern nur noch seine Haltung zu bewundern war.

Dennoch gab es auch in dieser Ehe Trennendes. Dazu gehörte die unterschiedliche intellektuelle Ausstattung. Sie stellte für die Außenwelt eine größere Schwierigkeit als für die Betroffenen dar. Adjutant Müller meinte bemerkt zu haben: „Sie war nicht das, was man im allgemeinen eine kluge Frau nennt, obgleich sie nach Kenntnissen und Bildung durchaus auf der Höhe stand, die ihre Stellung erforderte." Wilhelm dagegen bescheinigten Zeitgenossen wie Historiker, er verfüge über hervorragende geistige Anlagen wie eine rasche Auffassungsgabe und die Fähigkeit, Vorträge nach einmaligem Hören den Hauptpunkten nach so klar wiederzugeben, als seien es eigene Kenntnisse. Seine Frau konnte da nicht immer mithalten. Beide nahmen das als naturgegebenen Unterschied wahr. Ein Mann wurde bis weit ins 20. Jahrhundert hinein als das geistig überlegene Geschlecht angesehen. Die Frau sollte zu ihm aufschauen und sich an ihn anlehnen. Männer mieden die Heirat intellektuell souveräner und vielleicht gar noch finanziell unabhängiger Frauen. Auguste Victoria und Wilhelm bejahten auch in dieser Hinsicht die zeitgenössischen Vorstellungen. Dabei war sie weder bildungsunwillig noch dumm. Sie bemühte sich, Interesse für die Tätigkeiten ihres Mannes aufzubringen, begleitete ihn am 14. Dezember 1894 zur Gedächtnisfeier für Helmholtz und hörte sich dort die wissenschaftlichen Vorträge an. Besonders aufgeschlossen zeigte sie sich für Neuheiten, die in ihrem Aufgabenbereich nützlich sein konnten. Das galt für Elektrizität und Elektrotechnik, für die Verwendung von Röntgenstrahlen, für den Nutzen von Urinuntersuchungen während der Schwangerschaft wie für die Erfindung des Backpulvers. Andererseits ließ sie wegen der befürchteten Ansteckungsgefahr Briefe aus einem Influenza-Haushalt verbrennen. Sie profitierte von den Anregungen aus dem Umfeld ihres Mannes und griff sie auf, wenn es um konkrete Dinge wie Berichte von Expeditionen oder die Vorbereitung für eigene Auslandsreisen ging. Auf Reisen konnte sie sich in vier Sprachen fließend verständigen. Dennoch bleibt als Fazit, dass sie keinen für die Moderne oder für wissenschaftliche Fragestellungen aufgeschlossenen Verstand besaß. Sie verfügte nicht über einen philosophierenden Gesprächskreis, zog keine interessanten Personen in ihr Umfeld, setzte keine Trends – weder in der Mode, noch in der Innenarchitektur, der Kindererziehung oder der Tafelkultur. Sie pflegte weiter, was sie gelernt oder als richtig erkannt und an ihre neuen Lebensumstände angepasst hatte. Die Wahrung des Tradierten sah sie als Verpflichtung an. Ihr fehlte nicht nur der Intellekt ihres Mannes, sondern auch sein umfassendes Interesse an Entdeckungen und Erfindungen, seine Visionen, sein Mut zu Neuem. Dennoch: „Sie war die Stärkere, weil sie in sich ruhte und weil sie eine Frau war. Aber sie war doch auch seine gehorsame Frau. In seiner Ruhelosigkeit fand er bei ihr Zuflucht, doch immer nur kurz. Sie beengte ihn, denn sie konnte und mochte seinen Höhenflügen nicht folgen, selbst wenn sie sich Mühe gab. Und sie gab sich Mühe. Auch er gab sich Mühe abends zu Hause als Familienvater, aber er langweilte sich schnell", urteilte Ries, der Biograf des Kronprinzen.

Die Ehefrau eines preußischen Thronanwärters besaß statt einer verfassungsrechtlichen nur eine gewohnheitsrechtliche Stellung. Von den damit verbundenen Erwartungen stand in Erbmonarchien die Sicherung des Fortbestands an erster Stelle. Diese Aufgabe galt durch die Geburt von drei Söhnen als erfüllt, für Auguste Victoria also bereits 1884. Danach war sie zwar die Mutter des Erbprinzen, aber nach dem Hausgesetz fast einflusslos und höchstens noch für das Wohlbefinden ihres Mannes von Bedeutung. Doch in dieser Funktion konnte sie, falls er es wünschte, leicht ersetzt werden. Auch deshalb suchten sich die Ehefrauen Aufgaben, die ihnen zu eigenständigem Ansehen verhalfen. Besonders durch Wohltätigkeit versuchten sie in Not geratene oder nicht privilegierte Bürger von der Fürsorge des Herrscherhauses zu überzeugen. Für die von der offiziellen Mitwirkung im Staat weitgehend ausgeschlossenen Frauen wollten sie Identifikationsfiguren sein. Sie sollten ihre Bindung an den Staat fördern und ihnen die geltende Wertvorstellungen zu Familie, Moral oder Religion vermitteln.

Auguste Victoria verschaffte sich zunächst einen Überblick über die Potsdamer Wohlfahrtseinrichtungen. Bei ihren Besuchen erörterte sie mit dem Leiter, was ihr aufgefallen war. Beim Besuch des Erziehungshauses auf dem

Victoria (Kaiserin Friedrich) und Erbprinzessin Charlotte von Meiningen.

Pfingstberg vermisste sie Waschgelegenheiten und erfuhr, dass sich die Jungen sommers wie winters an einer Pumpe im Hof wuschen. Das sprach sich herum, sie galt als „Waschbär" und wurde bei späteren Besuchen sofort über die sanitären Einrichtungen informiert. Daneben bemühte sie sich um die Erweiterung ihrer Kenntnisse über Preußen. Sie las beispielsweise Droysens Buch über das Leben Yorks und zusammen mit ihrem Mann die Biografie Friedrichs des Großen. Gleich nach der Heirat lernte sie die Rangabzeichen, Uniformen und Fahnen der Regimenter auswendig. Selbst bei ungünstigem Wetter nahm sie an Paraden teil. Anfangs zeigte sie sich noch ungeübt: „Gestern war Parade in Berlin bei der großen Hitze mußten wir über 2 ½ Stunden in der Sonne aushalten; es war ja sehr schön anzusehen, ich habe jedoch den Zorn meines Herrn Gemahl erregt indem ich sagte ich wäre schließlich etwas eingeschlafen. Nachmittag gr. Diner im weißen Saal. Abends Theater darauf Rückfahrt nach Potsdam. Heute wieder Parade hier", stöhnte sie am 25. April 1881.

Die Zeit der Schwangerschaft stellte sie vor beträchtliche Herausforderungen. Sie nahm gewaltig an Umfang zu. Ihre Schwägerin Charlotte vermeldete das der gesamten Verwandtschaft. Viele Besucher wollten sich davon überzeugen, auch die Darmstädter Ella und der Meininger Ernst. Es war ihr unangenehm, doch sie stellte sich auch dem nach ihrem Grundsatz: „Man muß es eben hinnehmen!" Dazu gesellten sich finanzielle Probleme. Als Prinzessin mit vergleichsweise geringer Apanage borgte sie sich die Aus-

Wilhelm II. und Auguste Victoria, 1899.

stattung für ihr erstes Kind bei Mutter und Schwiegermutter zusammen. Die Schwiegermutter nutzte das zu Machtspielchen. „Denke Dir, nun schenkt mir meine Schwiegermutter doch die Lafette, nachdem sie erst sagte, sie würde es nicht thun u. ich daher alles durch T. Helene bestellen ließ“, klagte Auguste Victoria am 8. Februar 1882 der Schwester. „Du kennst mich und wirst wohl verstehen, daß ich sie nicht darum gebeten habe. [...] Ich bin natürlich sehr dankbar da dies eine große Ausgabe für mich gewesen wäre.“

Am 6. Mai gebar sie im Marmorpalais ihren ersten Sohn. Der junge Vater schilderte seiner Großmutter sofort das Ereignis: „Meine liebe Großmama. Gott sei gelobt, daß ich Dir melden kann, daß meine Frau glücklich von einem Sohn entbunden worden ist und sich zur Zeit wohl befindet ebenso das Kind [...]. Den ganzen Nachmittag (um 5 Uhr kam Dr. Schröder) hindurch litt sie sehr stark, bis sie um 9.45 Min. entbunden wurde. Der ganze Sachverlauf war ein vollständig normaler und der Arzt zufrieden. Auch heute sind die Ärzte zufrieden und der Puls ist ruhig. Das Kind ist rund und kräftig, vollkommen fehlerfrei mit blauen Augen und verständigem Gesichtchen und einer tüchtigen Lunge, denn schreien kann er kolossal, auch die Ernährung scheint gut zu gehen.“ Obwohl alles ganz normal verlief, litt die Mutter wohl so sehr, dass sie um ihr Leben fürchtete. „Wie unendlich dankbar ich bin, wirst Du Dir denken können, der Herr hat meinen größten Wunsch erfüllt indem er mir den herzigen Kleinen schenkte. Ich war ganz gefaßt, mein Leben für das Kind hin zu geben, aber ich muss doch sagen, daß ich sehr glücklich war, als alles vorüber war und ich Wilhelm neben mir stehen sah und außer ihm nun noch diesen kleinen Schatz hatte", vertraute sie Calma an. Auguste Victoria stillte ihre Kinder selbst. Den Vater bezog sie in die Versorgung der Kinder ein, was sonst unüblich war. Erleichterung und Stolz waren auch bei Wilhelm spürbar. Er hatte den gesamten Geburtsvorgang überwacht. Nun besaß er, was seine Mutter sich bei seiner Geburt vergeblich gewünscht hatte: einen vollkommen fehlerfreien Sohn! In den nächsten Jahren gebar Auguste Victoria weitere Söhne: 1883 Eitel Friedrich, 1884 Adalbert, 1887 August Wilhelm, 1888 Oscar und schließlich im Dezember 1890 Joachim. Dieser sechste Sohn wurde ihr Sorgenkind. Der Vater sah die Ursache dafür in einer heftigen Erregung seiner Frau über den beabsichtigten Konfessionswechsel seiner Schwester Sophie, der Frau des griechischen Kronprinzen. Dadurch sei die Geburt vierzehn Tage vor dem eigentlichen Termin eingetreten.

Im Alltag erlebten alle Prinzenkinder Vater und Mutter. Den Vater sahen sie in der frühen Kindheit noch häufiger als in der späten Zeit. Er gehörte zu der Minderheit der Väter seines Standes, die sich auch selbst mit den Kleinkindern befassten. Die Geburtstage feierten beide Eltern mit den Kindern. „Der gestrige Geburtstag des Kleinen verlief ganz gut", berichtete die Mutter am 8. Juli 1884, „die Bescherung war erst um 2 Uhr Nachmittag, da W des Dienstes wegen nicht früher abkommen konnte. Um ½ 12 Uhr maschirte W an der Spitze s. Bataillons mit klingendem Spiel hier durch. Ich stand in meinem Zimmer unten [...] mit beiden Kindern am Fenster; der Älteste grüßte mit der Hand am Kopf während des ganzen Vorbeimarsches ohne eine Miene zu verziehen. Der Kleine jauchzte den Leuten zu. Es war wirklich nett." Sobald die Kinder einigermaßen tischfähig waren, nahmen sie an den Mahlzeiten der Eltern teil, wenn keine offiziellen Gäste anwesend waren. Für die Gestaltung der christlichen Feste sahen sich beide Eltern zuständig: Die Ostereier, die am Ostermontag gesucht wurden, hatten sie zusammen mit den Hofdamen versteckt. Am Heiligabend half der Vater beim Schmücken der Christbäume und las das Weihnachtsevangelium vor. Von seinen Reisen brachte er häufig kleine Geschenke für die Kinder mit. Die Mutter las ihnen täglich aus der Kinderbibel vor und kam zu ihnen zum Abendgebet, selbst wenn im Hause eine große Gesellschaft versammelt war. Als die Mutter im Mai 1899 in Plön die Isolierung eines an Scharlach erkrankten Sohnes teilte, übernahm der Vater das Abendgebet bei den beiden Jüngsten. Die Kinder wurden zweisprachig erzogen. Nach der Kinderstube bekamen die Söhne einen Zivil- und einen Militärgouverneur. Beim Kronprinzen füllten zunächst der spätere Domprediger Johannes Kessler und Major Georg von Falkenhayn diese Posten aus.

Die Kinder schliefen bei offenem Fenster, besaßen vor ihren Zimmern einen Turnsaal und im Freien einen Turnplatz mit Reck, Barren, Wällen, Graben und Schießstand. Sie konnten sich ihren Reit- und Fahrponys wid-

Die kaiserliche Familie, 1890/91. Stehend von links: Calma zu Glücksburg, die Kaiserin mit Nichte Helena, Heinrich, Wilhelm II. mit Sohn Oscar; vor Calma ihre Töchter Vicky und Alix, Luise Sophie mit Tochter Viktoria Margarethe, Prinzessin Irene mit Waldemar; vorn sitzend die vier älteren Söhne des Kaiserpaares.

men, in eigenen kleinen Gärten Blumen und Gemüse anbauen und durch den Verkauf der Ernte an die Hofküche das Taschengeld aufbessern, um den Wert des Geldes als Ergebnis von Arbeit zu erfahren. All das kam ihrem Spiel- und Bewegungsdrang entgegen und diente gleichzeitig der Einführung in ihre spätere gesellschaftliche und berufliche Stellung. Nichts war dem Zufall überlassen, sie genossen die Freiheit der Entwicklung in einem pädagogisch-prophylaktisch gestalteten Umfeld, eine gelenkte Selbstentwicklung in der Realisierung der Erziehungsprinzipien von Rousseau bis Fröbel und Jahn, so wenig den Eltern die politischen Ansichten der Urheber unter Umständen auch genehm sein mochten. Die sportlich eingestellten Eltern waren Bewegungsvorbilder. Mutter wie Vater liefen vorzüglich Schlittschuh, ein gesellschaftlich anerkanntes Wintervergnügen. Auguste Victorias Vorliebe für Rasenkrocket war so bekannt, dass die Bonner Damen ein prächtiges Krocketspiel als Hochzeitsgeschenk auswählten. Auch Reiten hatte sie unter Anleitung des Großvaters schon in jungen Jahren gelernt. Herzog Christian August besaß eine ausgesprochene Pferdezuchtpassion. Er hatte die Enkelin in Primkenau früh aufs Pferd gesetzt. Sie wurde eine geschickte und ausdauernde Reiterin, die es liebte, morgens mit Wilhelm auszureiten. Als Tochter eines Norddeutschen konnte sie Segeln und Rudern. In Potsdam ruderten sie durch den Hasengraben im Jungfernsee. Später segelte sie mit den Söhnen vor der Ostseeküste oder in der Kieler Förde, wenn Wilhelm sich auf seiner jährlichen Nordlandfahrt befand. Als aus England das „Lawn Tennis" in Mode kam, lernte sie es und betrieb diesen Sport bis 1914. „Die Kaiserin kam vom Tennis herein, im weißen Gartenkleid, schlank und jung ausschauend, voll Elastizität und verplaudert ein Stündchen", berichtete Hedwig Heyl. Da verwundert der Turnsaal vor den Kinderzimmern oder die spätere Sportbesessenheit des Kronprinzen nicht.

Die Kinder erhielten ihren Unterricht im Schloss Bellevue. Befand sich der Vater auf Reisen, besuchte die Mutter manchmal alle Unterrichtsstunden der Söhne und folgte dem Geschehen mit unermüdlicher Aufmerksamkeit. Um von ihrer Anwesenheit abzulenken, beugte sie sich über ihre Handarbeit. „Lassen Sie sich durch mich, bitte, gar nicht stören. Unterrichten Sie, als wäre ich nicht dabei. Es interessiert mich alles, was meine Kinder lernen", pflegte sie den Lehrer zu beruhigen. Erst später fiel ihr auf, von wie geringer Qualität der Unterricht gewesen war, den ihre Kinder in den ersten Schuljahren genossen hatten.

IV. Lebens- und Berufswende: das Schicksalsjahr 1888

Das Jahr 1888 begann für Auguste Victoria sorgenvoll. Seit dem vergangenen Herbst war die Hoffnung auf eine Heilung der Kehlkopferkrankung des Kronprinzen geschwunden. Kaiser Wilhelm I. stand im 91. Lebensjahr und verlor sichtbar an Vitalität. Auguste Victoria fürchtete, ihr 29-jähriger Ehemann müsse bald und in ihren Augen viel zu früh den Thron besteigen. Durch den Tod des alten Kaisers am 9. März 1888 veränderte sich die Situation grundlegend. Der Gesundheitszustand des ihm folgenden Kaiser Friedrichs III. ließ auf eine kurze Regierungszeit schließen. Dennoch folgte Kaiser Friedrich III. selbst Bismarcks dringender Bitte um Einführung des nunmehrigen Kronprinzen in die aktuellen Staatsgeschäfte nur recht zögernd. Wilhelm II. würde die Krone nun ungenügend vorbereitet übernehmen müssen. In der Familie fehlte die durch hohes Alter, lange Herrscherzeit und eigene Integrität erworbene persönliche Autorität des alten Kaisers. Besonders die neue Kaiserin Victoria versuchte diesen Mangel durch ihre Amtsautorität zu kompensieren. Sie sah sich als Sprachrohr und Statthalterin ihres zum Sprechen nicht mehr fähigen Ehemannes, auch gegenüber der Schwiegertochter, der sie für das unsensible Verhalten des Sohnes beim Tode Kaiser Friedrichs III. eine Mitverantwortung unterstellte. In der kurzen Zeit als Kaiserin nahm sie für sich die Rechte des Oberhauptes des Hauses in Anspruch. Sie teilte beispielsweise der Schwiegertochter mit, die Queen habe zu ihrem Jubiläum Enkelin Charlotte mit Ehemann und den ältesten Sohn des jetzigen Kronprinzen eingeladen. Als Auguste Victoria es wagte, Bedenken gegen die lange Reise eines Sechsjährigen für einen nur drei- bis viertägigen Aufenthalt zu äußern, wurde ihr von der Kaiserin beschieden, dass sie in diesem Fall auch die geplante Erholungsreise Auguste Victorias mit den Kindern untersagen werde; „aber da sagte ich gleich, das sei out of questions und [sie] beruhigte sich denn auch. Wegen des Ältesten können wir sie ja noch sprechen, wenn Du zurückkommst, da Mama sehr viel daran zu liegen scheint", teilte sie, auf Ausgleich bedacht, Wilhelm mit. Dass sich die Kaiserin als Mittlerin zum Kaiser auch in offiziellen Angelegenheiten verstand, belegt ein Antrag Auguste Victorias vom 18. März 1888: „Euere Majestät bitte ich alleruntertänigst mir zu gestatten, daß ich das Protektorat übernehme über den Evangelisch-Kirchlichen Hilfsverein [...]. Dürfte ich Euere Majestät bitten, bei passender Gelegenheit dies zur Kenntnis Seiner Majestät zu bringen."

Das Kaiserpaar mit dem Kronprinzen, vermutlich 1888.

Mit dem Tod Kaiser Friedrichs III. am 15. Juni 1888 wurde Auguste Victoria die dritte und letzte deutsche Kaiserin. Ihre beiden Vorgängerinnen waren unterschiedlich populäre, generell zwar nicht geliebte, aber doch respektierte Frauen. Mit Kaiserin Augusta hatte die Tochter des Großherzogs von Sachsen-Weimar und einer russischen Großfürstin nach Preußen eingeheiratet. Kaiserin Friedrich kam als Princess Royal, als älteste Tochter der englischen Königin und des Prinzen Albert von Sachsen-Coburg nach Preußen. Die Nachfolge trat eine Frau aus einer wenig begüterten und seit langer Zeit nicht mehr souveränen Nebenlinie des Hauses Oldenburg an. Bismarck soll sie – so behauptet der britische Historiker Alan Palmer – als holsteinische Kuh, die frisches Blut in das Haus Hohenzollern bringe, bezeichnet haben. Die Bevölkerung aber mochte die bescheidene und zurückhaltende junge Kaiserin. Sie selbst maß sich an ihren Vorgängerinnen. Als Kaiserin Augusta im Januar 1890 starb, ängstigte sie deren Vorbild; sie verlor eine aufrichtige und kluge Ratgeberin. „O wolle Gott mir nur beistehen um ihr auf dem Weg der Pflichterfüllung und Selbst Aufopferung. Sie war darin ein leuchtendes Beispiel", schrieb sie an Calma.

Kaiserin Augusta hatte in ihrem ersten Brief an die Braut ihres Enkels das Dasein der Frau eines Monarchen als „Beruf" bezeichnet. Stand bisher für sie das Familienleben im Vordergrund, so musste sie ab jetzt ihre Verantwortung als vielfache Mutter mit den offiziellen Pflichten als Ehefrau des Kaisers verbinden. Sie war jetzt nicht mehr nur Mutter, sondern auch Landesmutter. Neben dem von ihrer Schwiegermutter gerühmten Pflichtbewusstsein besaß sie Eigenschaften, die ihr die Erfüllung offizieller Aufgaben erleichterten. Sie konnte bewundernd zuhören und damit andere zum Reden ermuntern. Sie hielt sich klug und anspruchslos zurück und achtete so ihre Gesprächspartner. Ihre Bereitschaft, die Bedürfnisse anderer wahrzunehmen, hatte sich schon in der Zeit als Prinzessin gezeigt. Jetzt aber hatte sie den Spagat zwischen Familie und „Beruf" zu vollbringen.

Die Thronbesteigung veränderte auch die Situation innerhalb der Familie – ihr sechsjähriger Sohn war innerhalb von 100 Tagen vom dritten Platz in der Thronfolge in die Position des Kronprinzen aufgerückt. Zwar hatte Wilhelm seiner Frau bis zur Konfirmation der Kinder alle Erziehungsangelegenheiten übertragen, doch forderten Realität und preußische Traditionen jetzt ihr Recht. Die Schulkenntnisse der Kinder entsprachen keineswegs denen ihrer Altersgenossen. Nicht selten unterbrachen protokollarische Pflichten den Unterricht. Auch die Mutter war an der Situation nicht ganz unschuldig. Sie stellte die Interessen der Kinder und ihre künftigen Aufgaben über den Stundenplan und schrieb Entschuldigungszettel: „Da das Wetter so schön ist, hatte ich gesagt, die Kinder möchten um 9 Uhr rausfahren. Pr. Viktorias Stunde wird dadurch wohl verkürzt – aber ließe sich dieselbe nicht am Nachmittag oder Abend einholen wenn Sie ihr Nachmittag Unterricht geben und sie selbst zwischen Tanzstunde und Abendessen ihre Ausarbeitungen machte? Ich finde, man muß das gute Wetter benutzen." Die Lehrer hatten das hinzunehmen, nicht aber der Vater. Er schloss sich dem Vorschlag der Gouverneure des Prinzen an, die einen Ortswechsel für unumgänglich hielten. In einer ruhigen Umgebung fern von den Ablenkungen der Residenz unter der ständigen Präsenz von zivilen und militärischen Erziehern sollten die Leistungsrückstände aufgeholt werden.

Das klang nach Kadettenanstalt. Wegen dieses Planes entbrannte zwischen den Eltern ein lautstarker und heftiger Streit. Die Umgebung hörte so etwas nur zu gern – endlich ein offener Konflikt zwischen dem Kaiserpaar – und verbreitete das Gerücht, die Kaiserin sei nicht mehr voll bei Verstand. Wilhelm, der derart temperamentvolle Auseinandersetzungen mit seiner Frau nicht gewöhnt war, ging das sehr nahe. Fassungslos sprach er darüber mit dem Familienfreund von Eulenburg-Hertefeld. Seine Frau sei krank durch eine unmögliche Tageseinteilung. Sie könne nicht bürgerliche Mutter, zärtliche Gattin und regierende Kaiserin zugleich sein. Er soll Eulenburg gebeten haben: „Sage mir um Gottes Willen, wie da zu helfen ist, denn der Gedanke, die arme Kaiserin in einer Kaltwasser-Anstalt enden zu sehen, ist entsetzlich." An der Authentizität der von Bülow in seinen Erinnerungen wiedergegebenen Geschichte sind Zweifel angebracht. Zunächst ist unwahrscheinlich, dass Wilhelm in seiner frühen Kaiserzeit um 1894 seine Frau als „regierende Kaiserin" bezeichnet hat. Bülow hatte den realen Streit offensichtlich mit dem umlaufenden Hofklatsch in dem vermeintlichen Ausspruch Wilhelms komprimiert. Der Umgebung des Kaiserpaares war die krankhafte Persönlichkeitsstörung und das daraus resultierende unkontrollierbare Verhalten von Auguste Victorias Mutter nicht verborgen geblieben. Da schien die Unterstellung nicht abwegig, Wilhelm habe eine erbliche Belastung seiner Frau befürchtet.

Die Eltern aber hatten längst einen Kompromiss gefunden. Sie einigten sich auf Plön, die Heimat der Mutter. Dort sollten die Söhne in der Nähe der Kadettenanstalt im Prinzenhaus wohnen und mit einigen ausgewählten Mitschülern in der sogenannten Prinzenschule unterrichtet werden. Die Mutter besuchte sie häufig. Mit einer Handarbeit beschäftigt, hörte sie dem Unterricht zu. Für jeden der sechs Söhne wählte sie einen Wochentag, an dem sie ihm schrieb und besonders an ihn dachte. Auch der Vater schaute während seiner jährlichen Besuche der Kieler Woche in Plön vorbei. Außerdem schickte er den Söhnen Ansichtskarten von seinen Reisen. Unter Aufsicht der Erzieher verfassten sie ihre Antworten. Eitel Friedrichs Brief vom 24. April 1899 in einer für einen Fünfzehnjährigen untypisch-kindlichen Normschrift lautet: „Sehr geliebter Papa! Vielen Dank für Deine liebe Karte von der Wartburg, und daß Du meiner so gütig gedachtest. Wir haben von der Mama gehört, daß Du leider schlechtes Wetter auf der Wartburg gehabt hast und daher nicht zur Auerhahnjagd fahren und die Schönheit der dortigen Gegend genießen konntest, die wir im Sommer bewundern durften. Mit der Bitte, daß Du so freundlich sein möchtest viele Grüße an die liebe Großtante und den lieben Großonkel von Baden auszurichten, bleibe ich Dich herzlich grüßend Dein gehorsamer, treuer Sohn Fritz." An diesem Briefstil änderten später auch Revolution und Abdankung des Vaters kaum etwas.

Die Mutter verbrachte den größten Teil der Ferien mit den Kindern in Wilhelmshöhe, auf Norderney, in Wyk, Oberhof, Berchtesgaden und später in Homburg oder fuhr mit ihnen auf ihrer Yacht „Iduna" auf der Ostsee. Der Kronprinz meldete 1898 auf einer Ansichtskarte: „Eben kommen wir von einer herrlichen Fahrt zurück, wir waren zwei Tage auf der Iduna, Mamas Yacht. Es war leider keiner seekrank." Mit zunehmendem Alter der Söhne verbrachte auch Wilhelm einen Teil der Ferien bei seiner Familie in den hessischen Schlössern Homburg oder Wilhelmshöhe. Die Söhne wussten das zu schätzen: „Jetzt ist unser lieber Papa hier und mit Ihm beginnt ein neues frisches Leben. Wir haben sehr viel Tennis gespielt und geritten, so daß die Zeit schnell vergeht. [...] Papa erzählte sehr viel von der Reise und dem Zusammentreffen mit dem Fürsten von Monaco. Er ist fast einen ganzen Tag auf der Jacht des Fürsten gewesen und hat sehr interessante Fänge mitgemacht,

Eingang zum unteren Schlosshof in Homburg.

u.a. gesehen, wie [...] wunderschöne Seespinnen herausgeholt wurden. Papa hat uns von seiner Reise ein wunderschönes norwegisches Kanalboot mitgebracht. [...] Hier werden schon große Vorbereitungen zur Reise der Eltern nach Palästina getroffen [...] wir gehen leider nicht mit nach Jerusalem, denn Papa will, daß wenigstens wir im Lande sind, wenn er in der Fremde ist", schrieb der Kronprinz seiner bayerischen Freundin am 8. August 1898.

Ein besonders enges Verhältnis besaßen beide Eltern zu Viktoria Luise, dem jüngsten Kind und der einzigen Tochter. Schon vor der Geburt des fünften Kindes hatte sich Auguste Victoria eine Tochter gewünscht. Nach dem sechsten Sohn gab sie die Hoffnung auf und schrieb ihrer Schwester Calma am 1. September 1892: „Heute ist Sedantag und noch kein Junge!" Wenige Tage später konnte sie Calma ihre Freude mitteilen: „Wilhelm ist auch froh über die Tochter und findet sie hübsch." Die nach der Mutter und der in Preußen noch immer verehrten Königin Luise benannte Tochter erlebte einen nachsichtigeren und zärtlicheren Vater als ihre Brüder. Sie glich im Charakter dem Vater, besaß sein sprunghaftes Temperament und belebte das Elternhaus, das ihre Brüder nach und nach erst zu Ausbildung und Studium und dann aufgrund ihrer Eheschließungen verließen. Victoria Luise erhielt die typische Hauslehrerausbildung, die auch ihre Mutter genossen hatte, angereichert durch einige Elemente aus der mütterlichen Erfahrung. Dazu gehörten auch praktische und theoretische Sozialarbeit. Die Beschränkung der Erziehung auf die Vorbereitung für Heirat und Familie verwundert. Denn zur gleichen Zeit engagierte sich die Kaiserin für die Reform der Mädchenbildung und für die Anerkennung einer alternativen weiblichen Lebensplanung neben der

Fixierung auf Ehe und Familie. Für die einzige Tochter des Kaisers stand offenbar eine feminine Vorreiterrolle ohne gesetzliche Grundlage nicht zur Debatte. Auch darin zeigt sich der ständige Spagat, den Auguste Victoria zwischen privatem und öffentlichem Leben auszuhalten hatte. Alle privaten Vorkommnisse wurden zu öffentlichen Ereignissen. Die Zeitungen meldeten jeden Besuch bei ihrem Zahnarzt, sie informierten über alle Geschehnisse in der Familie und sogen Geschichten über Streitigkeiten in der Familie begierig auf. Zahlreiche Anlässe dafür boten die jüngeren Geschwister der Kaiserin.

Herzog Friedrich VIII. hatte seine Tochter in weiser Voraussicht in die Belange des Augustenburger Hauses eingebunden. Er traute weder dem bei seinem Tod noch unmündigen Sohn noch seinem Bruder. Der Ärger für die Schwester begann mit der Volljährigkeit des Bruders 1884. Ernst Günther zeigte sich nach einem recht mäßigen Abitur an einem Studium wenig interessiert. Er bevorzugte aufwendige Reisen, frivole Gesellschaftsspiele und kostspielige Vergnügungen wie die Veranstaltung eines Blumenkorsos. Die Verpflichtungen als Familienoberhaupt überließ er gern anderen. Seine Eskapaden und sein unseriöser Lebensstil ärgerten die sonst so sanftmütige Schwester bis zum Lebensende. Die Klagen über den Bruder füllten mehr als zwei Jahrzehnte den Briefwechsel zwischen ihr und Calma. Obwohl er sich im Gegensatz zu seinem Vater die Annexion der Herzogtümer bei der Hochzeit der Schwester mit einer Million und danach jährlich mit 300.000 Mark von Preußen abgelten ließ, drückte er sich vor der Zahlung von Apanagen an empfangsberechtigte Familienangehörige. Beim Tod der Mutter, der Tante Malio und schließlich der jüngsten Schwester Feodora nahm er das Erbe für sich in Anspruch und hoffte, dass die kaiserliche Schwester das Übrige erledigen würde. Als Tante Malio starb, standen im Nachlass einem Plus von 30.362 Mark Schulden in Höhe von 21.079 Mark gegenüber. Ernst Günther als Alleinerbe kümmerte sich nicht um die Abwicklung des Nachlasses, bis der Vermieter der Tante in Pau 7.000 Francs an Miet- und Renovierungskosten für die nicht geräumte Wohnung in Rechnung stellte und die Versteigerung des Hausrates androhte. Das Presseaufsehen störte Ernst Günther, den „Schwager des deutschen Kaisers", nicht, wohl aber das Kaiserpaar. Allerdings übernahm es die fälligen Kosten nicht, wie Ernst Günther gehofft haben mag. Auf einer entsprechenden Vorlage vermerkte der Kaiser: „Und der Skandal wegen 7.000 Mk! Der Herzog soll sich doch beeilen, die Sache zu begleichen."

Noch größeren Ärger bereitete die von der Presse genüsslich verbreitete „Kotze-Affäre". Als es nicht mehr zu übersehen war, dass Ernst Günther zu den Urhebern der Affäre gehörte, verbot ihm der Kaiser sein Haus. Nach einer von Wilhelms Schwester Charlotte und Auguste Victorias Bruder Ernst Günther veranstalteten Schlittenpartie im Januar 1891 im Grunewald hatten Mitglieder des Hofes, aber auch das Kaiserpaar, Kaiserin Friedrich und ihr

Oberhofmeister anonyme Briefe erhalten. Sie zeigten obszöne Szenen, bei denen die agierenden Personen mit Köpfen der Briefempfänger versehen worden waren. Die Texte zeugten von intimen Kenntnissen und berichteten von angeblichen sittlichen Verfehlungen der Betroffenen. Folglich vermutete man die Verfasser unter den Beteiligten der Schlittenfahrt und verhaftete zunächst den Zeremonienmeister des Kaisers, Leberecht von Kotze, weil auf einigen seiner Löschblätter Schriftabdrücke der Briefe zu sehen gewesen sein sollten. Ihm konnte jedoch nichts nachgewiesen werden, zumal während der Inhaftierung weitere Briefe auftauchten und der Hofklatsch nun den Bruder der Kaiserin als Verfasser bezichtigte. Die Untersuchungen wurden eingestellt, Ernst Günther und Leopold von Anhalt mussten sich unter anderem bei Kotze entschuldigen. Auguste Victoria, die sich dem Andenken des Vaters verpflichtet fühlte, sah das Augustenburger Haus durch den Bruder in Verruf gebracht. Das konnte sie ihm nicht verzeihen. Die Presse unterstellte wegen der Briefe auch ihrem Ehemann, in seinem Haus und seiner Umgebung nicht Ordnung halten zu können.

Gleich nach der Hochzeit hatte ihr der Oberhofmeister ihres Mannes nahegelegt, sich wie Kaiserin und Kronprinzessin sozialen Tätigkeiten zu widmen. Kaiserin Augusta bemühte sich als Schirmherrin des Rot-Kreuz-Vereins um dessen organisatorischen Aufbau in ganz Preußen. Sie setzte sich für die Verbesserung des Lazarettwesens, die Versorgung von Kriegsversehrten und die Neugründung des Vaterländischen Frauenvereins ein. Während der Friedensjahre sollte der Verein Hilfe bei Katastrophen leisten und die Schwesternausbildung übernehmen. Die Kronprinzessin hatte die Fördermaßnahmen für Mädchen und die Fortbildung erwerbstätiger Frauen übernommen. Die großen Aufgabenbereiche befanden sich also in guten Händen. Da Auguste Victoria keine Erfahrung in sozialer Arbeit besaß, arbeitete sie sich systematisch ein. Seit der Hochzeit hatte sie sich durch Besuche von öffentlichen Einrichtungen in ihrer Umgebung einen Überblick verschafft und ergänzte das Gesehene durch Fachliteratur: „Ich lese jetzt furchtbar eifrig alles, was Beziehung zum Deutschen Frauenverein hat." Wurde sie direkt mit Elend konfrontiert, half sie auch sofort, sofern sie eine Möglichkeit zum Eingreifen sah. Außerdem richtete sie Nähabende am Hofe ein. Die angefertigten Kindersachen wurden Basaren gestiftet, zur Abhilfe bei aktueller Not eingesetzt oder bei weihnachtlichen Bescherungen verschenkt.

Dr. Georg Hinzpeter, der ehemalige Erzieher des Kaisers, wollte Auguste Victoria zum Nachdenken über eine systematische und effektive Sozialarbeit bringen. Ihre Aufgabe sah er in Beiträgen zur Sozialpolitik, statt der bisher von ihr geübten auf den Einzelfall bezogenen Sozialarbeit: „Die Wohltätigkeit – disponiere sie selbst über unerschöpfliche Mittel – ist nur von sehr geringer Bedeutung, wo es sich um die wirtschaftliche oder sittliche Hebung der großen Massen des Volkes handelt. […] von unserer künftigen Kaiserin verlangen wir viel mehr", schrieb er ihr, nachdem er sie nach Wilhelms 23. Geburtstag kennengelernt hatte. Für sie verfasste er in elf Themenbriefen eine systematische Einführung in die Sozialpolitik. Darin erklärte er, dass das soziale Problem nicht in der Existenz von reichen und armen Individuen und in der Wohltätigkeit der einen für die anderen bestehe. Die wesentliche Aufgabe liege vielmehr im Abbau der Spannungen zwischen den oberen und den unteren Schichten im Kaiserreich. Diese Spannungen beinhalteten mehr als einen materiellen Unterschied und wirkten sich vor allem im ethischen Bereich aus. Im Zusammenhang damit stehe die Abwendung der unteren Schichten von der Religion und ihrem Wertekanon. Deshalb seien Verbesserungen im materiellen wie im ethisch-sozialen Bereich notwendig. Der Unterschied zwischen Gerechtigkeit und Billigkeit, den Hinzpeter als historisch bedingt ansah und mit entsprechenden Beispielen belegte, habe diese Spannungen verursacht. „Gerechtigkeit" definierte er als das, was der Mensch qua Gesetz empfangen oder verlangen könne. „Billigkeit" sei dagegen das dem natürlichen Rechtsempfinden Angemessene. Ein Einzelner könne die soziale Frage nicht lösen. Dazu seien ein Handlungsprozess der zuständigen Institutionen und die langfristige Beeinflussung durch die öffentliche Meinung notwendig. Die Meinungsführerschaft zu übernehmen, sei wiederum Aufgabe der Spitzen der Gesellschaft. Diese Aufgabe komme Auguste Victoria und mit ihr allen Frauen zu. Denn sie verlange, den Mitmenschen als gottähnlich anzusehen und deshalb Brüderlichkeit zu üben. Brüderlichkeit aber bedeute das Zugestehen von Achtung und Würde, nicht das Geben von Almosen: „Durch Maschine und Fabriken, durch Kapitalgesellschaft und Abhängigkeit der Arbeit ist dieser die Ehre verloren gegangen, und damit den Arbeitern das Selbstbewusstsein, eine reiche Quelle moralischer Kraft, deren die leidenden unteren Schichten wenigstens ebenso sehr bedürfen wie materieller Verbesserung."

Hinzpeters Auffassung bestand aus einer Mischung von Sozialromantik auf christlicher Grundlage, die er mit historischen Beispielen begründete, und der Kritik an Kapitalismus und Industriegesellschaft. In Anlehnung an Friedrich von Bodelschwingh befürwortete er die Hilfe zur Selbsthilfe, lehnte das reine Almosengeben ab und plädierte für eine Beschränkung der Hilfsangebote auf diejenigen, die sich helfen lassen wollen. Selbst wenn die Kaiserin auch künftig bei akuten Anlässen weiter spontan zu helfen versuchte, setzte sie sich doch intensiv mit Hinzpeters Anschauungen auseinander. „Billigkeit" und „Gerechtigkeit" setzte sie gleich; „Billigkeit" sollte sich in der „Gerechtigkeit" widerspiegeln. Hinzpeters Meinung, dass sozialpolitische Verbesserungen in der öffentlichen Meinung verankert und durch entsprechende Institutionen umgesetzt werden sollten, verinnerlichte sie. Dabei bediente sie sich sowohl staatlicher Einrichtungen als auch privater Initiativen.

Neben die theoretische Unterweisung durch Hinzpeter trat die Beeinflussung durch Hofprediger Adolf Stoecker (1835–1909). Nach dem Rat ihres

Onkels Christian ließ sie sich seine Schriften schicken. Mindestens seit Ende 1882 kannte sie ihn persönlich, wie aus einem Brief an die Schwester vom 17. Dezember hervorgeht: „Gestern war der berühmte Stöcker bei mir u. spricht wirklich ausgezeichnet u. gab mir Bericht selbst ab über die Stadtmission. Ich wollte Du hättest ihn hören können. Schön ist er durchaus nicht. Aber wenn er spricht leuchten seine Augen; man wird wirklich mit hineingerissen; es ist ganz unglaublich, was er dieser kurzen Zeit geleistet hat." Adolf Stoecker war seit 1874 Hof- und Domprediger und Leiter der Berliner Stadtmission. 1878 hatte er zusammen mit Adolph Wagner die Christlich-soziale Arbeiterpartei als Gegenpol zu Sozialdemokratie gegründet. Im preußischen Abgeordnetenmandat vertrat er den Wahlkreis Bielefeld und Umgebung. Der Wahlkreis hatte besonders schwer unter der durch die Industrialisierung hervorgerufenen Armut und Arbeitslosigkeit zu leiden.

Stoecker wollte wie Hinzpeter die unteren Schichten vom Sozialismus fernhalten und deren Schutz vor materieller Not dadurch gewährleisten, dass er an die Verantwortung der einflussreichen Eliten appellierte. Auguste Victoria sah in der Stadtmission ein praktisches Betätigungsfeld – beispielsweise durch ihre Mithilfe beim Basar der Stadtmission. Sie sah auch keinen Grund, sich von Stoecker als Seelsorger wegen seiner politischen Einstellung zu distanzieren; hatte doch Kaiser Wilhelm I. als Oberhaupt der preußischen evangelischen Kirche 1885 Stoecker wegen der Unvereinbarkeit von Predigtamt und antisemitischer Agitation nur abgemahnt, aber nicht entlassen. Die Hofdame Mathilde von Keller vermerkte unter dem Datum des 24. Oktober 1887 in ihrem Tagebuch: „Die Kaiserin hatte neulich Stoecker mit Windel, Lindequist, Mirbach und Prinzessin Amalie eingeladen. Welch klarer Mensch ist doch Stoecker, und wie köstlich ist seine Überzeugungstreue, seine Schlichtheit und sein Mut, mit dem er seinen Weg geht! Er hielt erst einen Vortrag, um die Unterhaltung in Fluss zu bringen. Man hörte viel über die traurigen kirchlichen Verhältnisse Berlins und die Stadtmission, besonders über den einen Zweig ihrer Tätigkeit, die Arbeit an den entlassenen Gefangenen."

Die Kaiserin billigte auch die sogenannte Waldersee-Versammlung, bei der Stoecker potente Geldgeber für seine Arbeit werben wollte. Die Versammlung hatte Auguste Victorias Kammerherr Ernst von Mirbach organisiert. Sie fand wegen eines Ausfalls der Heizung im Schloss im Dienstgebäude Waldersees in Anwesenheit von Prinz Wilhelm statt. Die liberale Presse und das Kronprinzenpaar sahen darin einen Skandal. Auguste Victoria hielt weiterhin an Stoecker fest und sah in ihm einen lauteren, uneigennützigen Christen. Sie glaubte, zwischen dem antisemitisch agierenden Politiker und dem konservativ-evangelischen Hofprediger und Leiter der Stadtmission trennen zu können. Sie trat für ihn ein, weil sie hinter den Angriffen auf Stoecker eine Intrige vor allem Herbert von Bismarcks vermutete. Diese Vermutung wurde später bestätigt – die Angriffe in der offiziösen Presse waren tatsächlich von den Bismarcks ausgegangen. Bald nach der Thronbesteigung sagte sich Wilhelm von Stoecker los. Er distanzierte sich damit nicht primär von der antisemitischen Haltung in den politischen Reden Stoeckers. Vielmehr fürchtete er, Stoecker wolle durch ihn an Macht gewinnen. Seine Frau verzieh ihm das lange nicht.

Nach der Waldersee-Versammlung gründete sich am 28. Mai 1888 der Evangelische Kirchliche Hilfsverein. Mit seiner Hilfe hoffte Auguste Victoria ihre sozialen Vorstellungen gezielt verwirklichen zu können. Auf ihre Bitte übertrug Kaiser Friedrich III. seiner Schwiegertochter das Protektorat. Im Gegensatz zur Berliner Stadtmission war der Hilfsverein wie die Innere Mission reichsweit gedacht. Er sollte sich der religiös-sittlichen Notstände in den rasch gewachsenen Großstädten annehmen. An der Gründungsversammlung nahmen Vertreter der preußischen Provinzen teil. Über die Aufgaben des Vereins schrieb Auguste Victoria in ihrem Grußwort an den Vorsitzenden: „Der Verein ist berufen, auf dem Boden des Evangeliums und im engen Anschluß an die Kirche für eine schöne, ernste und verantwortungsvolle Aufgabe mitzuarbeiten. Er wird die bereits bestehenden Bestrebungen verwandter Art unterstützen und fördern, neue notwendig werdende Arbeiten anzuregen versuchen, sowie durch planmäßige Organisation auf diesem Gebiete der inneren Mission die Nachteile der Zersplitterung beseitigen helfen.“ Die Innere Mission war landeskirchlich organisiert, der neue Verein übersprang die landeskirchlichen Grenzen.

Damit hatte sich Auguste Victoria einen eigenen Zuständigkeitsbereich geschaffen. Dieser lag außerhalb der Zugriffsmöglichkeit ihrer beiden Vorgängerinnen. Für ihn bestanden inhaltlich keine Einschränkungen – außer der einen: ausschließlich auf dem Boden des Evangeliums und im Anschluss an die Kirche zu arbeiten. Seine Aktionen reichten von der Gründung und Verbreitung der Evangelischen Frauenhilfe bis zum ständigen Bemühen der Protektorin, eine Öffnung der evangelischen Kirchengebäude auch außerhalb der Gottesdienste zu erreichen. Am 27. Oktober 1890 schrieb sie deshalb dem Oberkirchenrat: „Ich bitte den Evangelischen Oberkirchenrat in Erwägung zu ziehen, ob es für die Förderung des kirchlichen Lebens in unserer unruhigen Reichshauptstadt nicht von Nutzen wäre, durch Öffnen der Kirchen zu bestimmten Stunden auch an Wochentagen und durch Einrichtung zeitweise auch mit Orgelspiel verbundenen kurzen liturgischen Andachten den in hastigem und geschäftigen Treiben dahineilenden Massen die Gelegenheit zu kurzer Ruhe und Andachtspausen zu bieten.“ Für die dadurch entstehenden zusätzlichen Kosten gewährte der Hilfsverein eine jährliche Beihilfe.

Zu den Vereinsaufgaben gehörten auch die Bildung überschaubarer Kirchengemeinden und die Anstellung weiterer Pfarrer für diese Gemeinden. Die bestehenden hatten durch das Anwachsen der Bevölkerung eine unübersichtliche Größe erreicht. Die Pfarrer kamen ihren seelsorgerlichen

Aufgaben nicht mehr im wünschenswerten Umfang nach. Sie beschränkten sich auf die Amtshandlungen an ihnen teilweise völlig unbekannten Menschen. Die Neubürger fühlten sich von den fest gefügten Honoratiorengemeinden abgelehnt. Friedrich von Bodelschwingh, der zu den Gründungsmitgliedern gehörte, beeinflusste die Aufgabenbeschreibung des Vereins wesentlich. In den 24 Jahren seines Bestehens konnte der Verein dank seiner Unabhängigkeit von Parteien wie von den unterschiedlichen kirchlichen Richtungen fast zwölf Millionen Mark an Spendengeldern für Hilfsprojekte verteilen. Ernst von Mirbach trug als Beauftragter der Schirmherrin durch seine eifrige Sammeltätigkeit zu diesem Erfolg bei. Später geriet er gerade deswegen in die Kritik und musste die Arbeit für die Vereine an den Kammerherrn von Behr-Pinow abgeben.

Für das Vorhaben, neue Kirchen zu bauen, gründete sich im Januar 1890 ein spezieller Evangelischer Kirchenbauverein. Auch dafür übernahm die Kaiserin die Schirmherrschaft und Ernst von Mirbach in ihrem Auftrag das Sammeln von Spenden. Der Kirchenbauverein sollte „in enger Verbindung zu Baubehörden, zu städtischen und kirchlichen Abteilungen, zu Geldgebern und zu den Gemeindevertretungen" eine möglichst rasche Abwicklung aller zum Kirchenbau erforderlichen Schritte gewährleisten. Der Verein zählte für die Kaiserin zu den Herzstücken ihres Einsatzes für die Verbesserung der Lebensbedingungen der Menschen. In jeder Kircheneinweihung sah sie ein Stück verwirklichter Sozialpolitik. Ein Sachstandbericht vom Jahreswechsel 1892/93 nennt 24 Bauvorhaben. Davon waren sechs bereits fertiggestellt, 14 befanden sich in der Bauendphase, die übrigen standen am Ende der Planung. Um den für 23 von ihnen vorgesehenen seelsorgerlichen und diakonischen Aufgaben entsprechen zu können, plante man häufig ein Pfarr- und Gemeindehaus gleich mit dem Kirchenbau. Hier sollten die aus ländlichen Gebieten in die Großstadt zugezogenen Menschen ein Integrationszentrum vorfinden. Die Kaiserin sah die Kirchengemeinde als Anlaufstelle für alle Probleme der Neubürger. Dort sollten sie neben Hilfe und Orientierung auch eine geistliche Heimat erhalten. Dabei unterstellte sie, dass sie in ihren Herkunftsdörfern in der Regel eine religiöse Bindung besessen hatten.

Die für Bau und Innenausstattung veranschlagten Kosten betrugen 950.000 Mark für 23 Projekte; das 24. Projekt, die Kaiser-Wilhelm-Gedächtniskirche, wurde gesondert finanziert. Der Kirchenbauverein musste für die zugesagten Zuschüsse Spender gewinnen. Auguste Victoria begutachtete und genehmigte die Entwürfe für jede einzelne Kirche. Auch die Anträge auf Zuschuss bedurften ihres Einverständnisses. Sie ließ es sich nicht nehmen, an möglichst vielen Grundsteinlegungen und Einweihungsfeiern selbst teilzunehmen. 1893 führten sie allein sechs Einweihungen quer durch Berlin: Prenzlauer Berg, Leopoldsplatz, Wedding, Kreuzberg, Prenzlauer Allee und Luckenwalde. Im nächsten Jahr standen sieben Einweihungen an. Musste eine

Kirchengemeinde sehr sparsam wirtschaften, schenkte ihr die Kaiserin auch die Bibeln für Altar und Kanzel. Jede versah sie mit einem handgeschriebenen Bibelspruch als besonderen Segenswunsch für die Gemeinde. Auch das hessische Hattersheim am Main hatte am 1. Januar 1894 für den Betsaal eine Altarbibel mit dem Segensspruch aus Hesekiel 37,26 bekommen: „Ich will sie erhalten und mehren und mein Heiligtum soll unter ihnen sein ewiglich." Bis heute hütet die Gemeinde ihre „Kaiserinbibel" wie einen Schatz.

Bis zum Jahr 1900 wurden 49 durch den Verein geförderte Kirchen vollendet. Acht weitere standen vor der Fertigstellung. Nach 1903 förderte man verstärkt Kirchenbauten außerhalb Berlins. So fuhr die Kaiserin am 6. September 1903 auch zur Einweihung der Paulskirche in Halle an der Saale.

Auguste Victorias besonderes und ureigenstes Anliegen war der Kampf gegen die extrem hohe Säuglingssterblichkeit und die Verbesserung der Situation von Kindern und Müttern. Die vielfache Mutter sorgte sich um gesundheitsgefährdete Kinder. Sie förderte mit ihrem Privatvermögen nicht nur den Bau der Luisenstiftung und richtete in der Potsdamer Moltkestraße die Auguste-Victoria-Kinderkrippe ein, sondern krönte ihren Einsatz 1909 noch mit dem Kaiserin-Auguste-Victoria-Haus. Das Haus vereinte viele einzelne Maßnahmen zur Senkung der Säuglingssterblichkeit unter seinem Dach.

Die Säuglingssterblichkeit verzeichnete in der zweiten Hälfte des 19. Jahrhunderts einen erschreckenden Anstieg. Hatte die Sterblichkeit lebend geborener Kinder im Verlauf des ersten Lebensjahres in Berlin bis etwa 1850 rund 20 Prozent betragen, so erreichte sie 1871 mit 41 Prozent einen dramatischen Höchstwert. Das entsprach dem Ausmaß einer großen Volksseuche und rief nach abhelfenden Maßnahmen. Die Ursachen dafür sahen Sozial-, Medizinal- und Kommunalpolitiker in der zunehmenden Industrialisierung und dem hohen Bevölkerungswachstum Berlins. Durch die Wohnsituation und die häufig unzureichenden Verdienste der Eltern wuchsen die Kleinstkinder in einer für sie ungünstigen Umwelt auf. Im November 1904 hielt die Kaiserin vor dem Vaterländischen Frauenverein eine Rede über säuglingsgerechte Ernährung, Pflege und Erziehung. Damit gab sie den Anstoß zur Gründung der Gesellschaft zur Bekämpfung der Säuglingssterblichkeit. Etwa gleichzeitig richtete sie an den Hauptverein des Vaterländischen Frauenvereins, in dem seit 1904 eine Abteilung für Säuglingspflege bestand, ein „Allerhöchstes Handschreiben". Der Kampf gegen die Säuglingssterblichkeit sei als nationale Aufgabe aufzufassen, da er zur Stärkung der Volkskraft beitrage. Somit diene er einer patriotischen Aufgabe und gehöre zu den satzungsmäßigen Aufgaben des Vereins. Mit dieser Argumentation konnte sie ihrem Anliegen auch in den von Männern beherrschten Ämtern und Behörden zumindest Respekt verschaffen. Ein erster Erfolg des Appells bestand in der Herausgabe eines Merkblattes über gesunde Säuglingspflege. Da nach Auffassung der Kaiserin für den Staat die Pflicht zur Information über Ernährungs- und Erziehungsfragen bestand, setzte sie per Erlass vom 14. Januar 1905 durch, dass bei jeder Anmeldung einer Geburt auf dem Standesamt das Merkblatt auszuhändigen sei.

Zu ihren wichtigsten Leistungen gehörte, dass es ihr gelang, die Vertreter der mit der Säuglingsfrage befassten verschiedenen Vereine, Maßnahmen und Initiativen für die Planung einer reichsweiten Musteranstalt für Säuglingsfragen in Berlin zusammenzubringen. Durch personelle Vernetzung – ihr Kabinettrat Karl von Behr-Pinnow saß in den wichtigsten Vorständen – hatte sie die gemeinsame Aktion vorbreitet. Behr-Pinow verbreitete den Wunsch der Kaiserin unter den Interessierten und erreichte die Gründung eines deutschen Komitees. Die geplante Reichsanstalt sollte durch staatliche, kommunale und private Beiträge und Spenden finanziert werden. Das Kaiserpaar spendete 25.000 Mark aus seinem Privatvermögen, die Stadt Charlottenburg schenkte dem Kaiserpaar zur Silberhochzeit das benötigte Grundstück. So konnte das Kaiserin-Auguste-Victoria-Haus 1909 eingeweiht werden. Seine Aufgabe sollte es sein, gesund geborene Kinder gesund zu erhalten. Das Haus vereinte einen großen Labortrakt, eine Musteranstalt zur Milchgewinnung mit eigenem Kuhstall, eine Säuglingsklinik mit – erstmals in Deutschland! – Entbindungsstation, außerdem eine Fürsorgestelle zur ambulanten Beratung sowie eine Schule zur Ausbildung von Säuglingsschwestern und Fürsorgerinnen. Das Kaiserin-Auguste-Victoria-Haus verband Wissenschaft und Praxis und übernahm die Beratung für kommunale Einrichtungen der Säuglingsfürsorge im ganzen Land.

Wilhelm II. gab seiner Frau den notwendigen Rückhalt bei ihren Unternehmungen, so wie sie ihn bei seinen öffentlichen Aufgaben im In- und Ausland unterstützte. Sie arbeiteten als perfektes Team, wenn sie als „die Frau an seiner Seite" auftrat. In einer Gesellschaft von Männern war sie häufig die einzige Frau, wenn auch von ihren Hofdamen begleitet. Zur Galatafel am 18. März 1890 zum Abschied des Fürsten Bismarck wurden 97 Gäste erwartet – 93 Herren und die Kaiserin mit ihren Damen. In der Mitte der langen Tafel hatte das Kaiserpaar seine Plätze, ihm gegenüber saß Generalfeldmarschall von Moltke. Daneben befand sich ein unbesetzter Platz, den eigentlich der zu Ehrende einnehmen sollte. Bismarck war jedoch nicht erschienen. Der junge Kaiser, der bereits durch die Kritik an der Entlassung des „Reichsgründers" verunsichert worden war, sollte das ganze Essen hindurch daran erinnert werden. Auguste Victoria, geschult in der Kunst des Übersehens, ließ sich keine Irritation anmerken, obwohl sie ihrem Mann ansah, wie nahe ihm die im Verhalten Bismarcks liegende Provokation ging. Sie plauderte unbefangen mit Herrn von Moltke und ihrem Tischnachbarn und animierte ihren Mann dazu, das Fehlen Bismarcks einfach zu übersehen. Was sie über das Fernbleiben des Reichskanzlers dachte, behielt sie für sich. Auch der Kondolenzbesuch anlässlich des Todes des Fürsten bei der Familie und die Teilnahme an der Trauerfeier war für sie angesichts seiner vorherigen ständigen Sticheleien an der Arbeit des jungen Kaisers eine eher notwendige Pflicht. Dafür verzichtete sie sogar auf die Teilnahme an der kirchlichen Trauung ihres Bruders. Sie absolvierte die Trauerbesuche mit Haltung, obwohl bereits Bismarcks Abschiedsbesuch am 27. März 1890 ihr unangenehm gewesen war: „Besuch von F. Bismarck verlief so ziemlich. Er war sehr bewegt und meinte, er habe seine Entlassung gar nicht gewünscht und noch eine Menge; ich war froh als der Besuch vorbei war", berichtete sie der Schwester.

Nicht alle offiziellen Aufgaben waren so unangenehm. Voll Stolz nahm sie mit ihrem ältesten Sohn, dem sechsjährigen Kronprinzen, am 28. Juni 1888 an der Eröffnung des Reichstags teil. Ebenso verfolgte sie mit großem Interesse die Verhandlungen über das Sozialistengesetz im Reichstag und beteiligte sich an einer Diskussion über Jugenderziehung, zu der Wilhelm II. neben Dr. Hinzpeter den Hofprediger Frommel und Professor Gussfeld eingeladen hatte. An der Seite ihres Mannes schritt sie die Front eines Bataillons ab und nahm an Rekrutenverteidigungen, an Manövern in Homburg und Stetten, am Empfang ausländischer Staatsgäste, an Stapelläufen in Kiel oder am Gordon-Benett-Rennen 1904 um Homburg teil.

Nach dem Tod Kaiser Friedrichs III. beanspruchte das junge Kaiserpaar das Neue Palais in Potsdam als Wohnsitz. Friedrichs III. Witwe, die sich jetzt Kaiserin Friedrich nannte, wollte wegen der Spannung mit dem Sohn künftig in einiger Entfernung von Potsdam wohnen und wählte dafür Kronberg-Schönberg in der Nähe von Homburg. Während der mehrjährigen Umbauarbeiten der von ihr gekauften Villa Reiß bewohnte sie zwischen 1889 und 1893 jeweils in den Frühlings- und Sommermonaten das alte Landgrafenschloss in Homburg vor der Taunushöhe. 1866 war es in preußischen Besitz gelangt und wegen der dortigen „Champagnerluft" auch beim ersten Kaiserpaar beliebt gewesen. Schon während des Krieges 1870/71 hatten sich Kaiserin Augusta und die Kronprinzenfamilie längere Zeit dort einquartiert. Der zwölfjährige Wilhelm erlebte am 7. August 1871 den triumphalen Einzug seines Großvaters als deutscher Kaiser und im September 1883 das erste Kaisermanöver. Kaiserin Augusta bevorzugte Juli und August für ihre Homburg-Aufenthalte. Sie war im August 1887 letztmals für drei Wochen in Homburg. Ab 1888 bewohnte Kaiserin Friedrich die im englischen Flügel gelegenen Wohnräume Augustas.

Erst nach der Übersiedlung seiner Mutter am 28. März 1894 in ihr Kronberger Schloss stand das Homburger Schloss nach Umbauten und Renovierungsarbeiten der Familie des jungen Kaisers wirklich zur Verfügung. Wilhelm übernahm 1897 die erweiterte Wohnung seines Großvaters. Für Auguste Victoria wurde ebenfalls im Königsflügel ein Appartement eingerichtet. Es bestand aus Badezimmer und WC, einem kleinen Schreibzimmer und einem recht großen Ankleidezimmer, das ihr auch als Tagesschlafzimmer und innerfamiliärer Aufenthaltsraum diente. An das Ankleidezimmer schloss

Das Kaiserpaar mit vier Söhnen vor dem Schlossportal in Homburg. Die drei Älteren tragen den berühmten Homburg-Hut.

sich das gemeinsame Schlafzimmer des Kaiserpaares an. Hielt sich Wilhelm ohne seine Frau in Homburg auf, benutzte er wie auch für seine tägliche Mittagsruhe das Schlafzimmer seiner Wohnung. Zwischen ihren Räumen lagen der Speisesaal, der Gelbe Saal und das Spiegelkabinett. Der mit gelber Seide bespannte und luxuriös ausgestatte Saal diente als Repräsentations- und Empfangsraum. Er hob sich damit deutlich von den eher bescheiden gehaltenen Privaträumen ab. Bei der Gestaltung ihrer Homburger Wohnung hatten sie Auguste Victorias Grundsatz realisiert, dass zwischen beiden Wohnbereichen höchstens drei allgemein nutzbare Durchgangsräume liegen sollten.

Eine Besonderheit stellte Auguste Victorias Telefonzimmer dar. 1905 wurde als Direktverbindung zu dem Berliner Schloss ein kaum isoliertes Überlandkabel gelegt. Die schlechte Verbindung erforderte ein lautes Sprechen. Deshalb baute man den Apparat in einen Frankfurter Schrank ein, der mit einem Glasdach und elektrischer Beleuchtung versehen worden war. Die fehlende Klimatisierung des Telefonschrankes begrenzte die mögliche Gesprächsdauer auf 10 bis 15 Minuten. Zwischen 1897 und 1913 verbrachte

Telefonschrank der Kaiserin im Homburger Schloss.

das Kaiserpaar jeweils längere Zeit in Homburg, lud sich Gäste und Besucher ein und absolvierte einen Teil seines „Berufs" von Homburg aus. Auguste Victoria ließ als „Wohlfühlzeichen" mindestens eine Libanonzeder, die ihr der Sultan bei der Palästinareise 1898 geschenkt hatte, auf dem oberen Schlosshof pflanzen. Denn Homburg besaß wie Potsdam den großen Vorteil, dass Presse und Bevölkerung etwas Privatleben gestatteten und Kontakte außerhalb des höfischen Kreises zuließen. Als Schwester Calma sich bei der älteren Schwester erholte, konnten beide ihren Bedarf an Strickwolle in einem kleinen Handarbeitsgeschäft decken und sich fühlen wie früher in Gotha oder Primkenau.

Neben den privaten Reisen zu der nationalen und internationalen Verwandtschaft begleitete sie den Kaiser auf Staatsbesuchen. Aus der Fülle dieser Reisen soll nur auf zwei eingegangen werden: ihre erste Reise in die schleswigsche Vergangenheit und den Besuch in Rom.

Anfang September 1890 unternahm das Kaiserpaar seine erste offizielle Reise in das 1866 annektierte Nordschleswig. Die Heirat ihrer Schwester Calma 1885 mit dem Glücksburger Herzog Friedrich, dem Neffen jenes Protokollprinzen und damaligen dänischen König Christian IX., hatte die früher nahe Beziehung zwischen der Glücksburger und der Augustenburger Linie erneuert. Die beiden jungen Oberhäupter Ferdinand und Ernst Günther „ordonanzierten bei W“ und erkannten damit Wilhelm als ihren Landesherrn an. Das Protokoll betonte trotz der familiären Beziehung zwischen den Hauptbeteiligten den offiziellen Charakter der Reise. Für Auguste Victoria wurde es auch eine nostalgische Reise, denn zum ersten Mal in ihrem Leben betrat sie die ehemaligen Augustenburger Besitzungen.

Nach einem Flottenmanöver in Kiel fuhren Kaiser und Kaiserin am 4. September nach Flensburg zur Parade. Dort bereitete man ihnen einen „wunderhübschen“ Empfang, wie Auguste Victoria in ihren Aufzeichnungen vermerkte. Zahlreiche Kriegervereine hatten sich versammelt. Das Schleswig-Holstein-Lied, das 1844 in der Zeit der Hoffnung auf eine Trennung von Dänemark entstanden war, sang man als Willkommensgruß: „Schleswig-Holstein, meerumschlungen, deutscher Sitte hohe Wacht, wahre treu, was schwer errungen, bis ein schöner Morgen tagt. Schleswig-Holstein, stammverwandt, wanke nicht, mein Vaterland. Ob auch wild die Brandung tose, Flut auf Flut von Bai zu Bai: O, lass blühn in deinem Schoße, deutsche Tugend, deutsche Treu!“ Während Wilhelm mit seiner Yacht „Hohenzollern“ über die Flensburger Förde nach Schloss Gravenstein fuhr, wählte Auguste Victoria mit ihrem Bruder den Landweg. „Wehmütige Erinnerungen waren zurück beim ersten Betreten des alten Schlosses, liegt wunderschön, schöner Park“, notierte sie. Flottenmanöver, Schießübungen, ein Marinediner, der Zapfenstreich am Abend des 6. September und der Feldgottesdienst auf dem Herzogenhügel am Sonntag füllten die Tage aus. Nach dem Vorbeimarsch

Ritt durch die Louisenstraße in Homburg anlässlich des Kaisermanövers 1905.

der Marine besuchte sie mit Calma und Ernst Günther das Armenhaus, bevor sie mit dem Schiff über die Förde nach Glücksburg fuhr. Im Glücksburger Wasserschloss stattete sie der dort residierenden alten Herzogin Wilhelmine einen Besuch ab. Seit 1866/67 gehörte das Schloss der preußischen Krone. Kaiser Wilhelm I. hatte es 1878 der Herzogin zur Verfügung gestellt. Sie war die Tochter des Dänenkönigs Friedrich VI. (1768–1839). In erster Ehe hatte sie den späteren König Friedrich VII. geheiratet und war nach der raschen Scheidung eine zweite Ehe mit Herzog Karl zu Glücksburg (1813–1878) eingegangen. Nun bewohnte sie das Schloss, in dem Friedrich VII. 1863 gestorben war.

Am nächsten Morgen fuhr die Kaiserin um 7 Uhr mit dem Wagen nach Düppel. „Der Anblick von Düppel senkt sich sehr aufs Gemüt […]. Die herrliche Landschaft von strahlender Sonne beleuchtet macht einen großartigen Eindruck. Das Manöver gelang sehr gut. Ich fuhr dazu noch nach Sonderburg und Augustenburg“, vermerkte die Kaiserin. Augustenburger Bürger bereiteten ihr einen rührenden Empfang im Palais ihrer Urgroßmutter, der Herzogin Luise. Diese war die natürliche Tochter des dänischen Staatsministers Struensee, wurde aber vom König als eigene Tochter ausgegeben. Danach in Augustenburg besichtigte Park und Garten und stieg den steilen Weg hinunter zu der kleinen Bucht, dem früheren herzoglichen Hafen: „Buchen und Eichen wie ich sie früher noch nie gesehen hatte. Hiernach glücklich nach dem Schloß, ist wenig zu sehen, da es ein Seminar ist. Aber lieb war es mir doch hier gewesen zu sein“, notierte sie in ihren Reiseaufzeichnungen. Sie traf auch den ehemaligen Koch und die alte Kinderfrau ihres Vaters und betete zum ersten und einzigen Mal in der Gruft ihrer Vorfahren.

Diese Reise in die Vergangenheit bedeutete Finden und Verlassen zugleich. Später reiste sie nicht wieder nach Sonderburg und Augustenburg; sie begnügte sich mit Glücksburg und Gravenstein. Sie hatte sich endgültig als „Tochter des Augustenburgers“ verabschiedet. Ab jetzt identifizierte sie sich völlig mit ihrer Existenz als preußische Königin und deutsche Kaiserin. Wilhelm sah das offenbar auch so, denn: „Am Abend verlieh mir W. z. m. Freude das schle. holst. Regiment Nr. 86.“ Selbst wenn Auguste Victoria in ihrem Reisebericht kein Wort darüber verliert, wie der dänische Bevölkerungsteil das Besuchsprogramm in Düppel, das Flottenmanöver in Erinnerung an die beiden deutsch-dänischen Kriege und den Besuch in Gravenstein aufnahm, ist mindestens von einer starken Zurückhaltung auszugehen. Sie empfanden diese „private“ Reise als Provokation und hielten sich fern. Das mag der Grund dafür sein, dass Auguste Vicoria, der die Ablehnung nicht verborgen blieb, nie wieder die Insel Alsen besuchte.

Von ganz anderer Art war der Rombesuch im April 1893. Die Brisanz bestand in der Verbindung eines offiziellen Besuchs beim Papst mit dem Privatbesuch zur Silberhochzeit des italienischen Königspaares. Auguste Vic-

Porträtfoto der Kaiserin, 1900.

toria bereitete sich gründlich vor. Professor Kekulé referierte über römische Skulpturen, Professor Bode über die Renaissance und Professor Grimm über Raffael. Auch mit der allgemein üblichen Kleiderordnung für den Papstbesuch hatte sie sich befasst. Dennoch entschied sie, einen schwarzen Hut statt des obligatorischen Spitzenschleiers zu tragen und keinesfalls die Hand des Papstes zu küssen. Am 20. April empfing das blumengeschmückte Rom das Kaiserpaar. Der jubelnden Bevölkerung zeigte sich das italienische Königspaar mit seinen Gästen auf dem Balkon des Quirinals. Am darauf folgenden Sonntag, dem 23. April, holte die Kaiserin, die im Quirinal gefrühstückt hatte, den Kaiser aus der deutschen Botschaft ab, wo er wegen der Spannung zwischen König und Papst wohnte. Mit „großem, aber nur deutschem Gefolge" fuhr man zum Vatikan. Aus Berlin hatte man einen offenen sechsspännigen Galawagen für das Kaiserpaar, Vorreiter und weitere Wagen „mit kleidsamen preußischen Livreen" kommen lassen, wie Gräfin Keller berichtete. Damit demonstrierte man nicht etwa preußische Renommiersucht, sondern Rücksichtnahme auf das Verhältnis zwischen Vatikan und italienischem Staat.

Papst Leo XIII. empfing seine Gäste in seiner Privatwohnung, ohne ihnen die Hand zu reichen. Man unterhielt sich französisch. Der Kaiser überreichte als Gastgeschenk ein Foto von sich und seinen Söhnen. Danach blieben Papst und Kaiser unter sich. Die Kaiserin ließ sich durch den Petersdom und den Vatikan führen. Zum Abschied erhielt sie einen Blumenstrauß aus den Gärten des Vatikans. Auguste Victoria schenkte den Strauß der italienischen Königin, die ja den Vatikan nicht besuchen konnte.

V. Auguste Victoria und die Politik

Im Gegensatz zu ihrer Schwiegermutter engagierte sich Auguste Victoria nicht aktiv in den Gremien der bürgerlichen Frauenverbände. Kaiserin Friedrich hatte gemeinsam mit Helene Lange und anderen Pläne für eine zur Hochschulreife führende Bildung von Mädchen ausgearbeitet und entsprechende Vorbereitungskurse der Frauenvereine unterstützt. Auguste Victoria beschäftigte sich bald nach ihrer Hochzeit ausführlich mit Literatur über den Allgemeinen Deutschen Frauenverein. Ihre Sympathie galt den Auffassungen von Luise Otto-Peters (1818–1895), die den Verband 1865 gegründet hatte und eine Erziehung der Frau zu selbstständiger wirtschaftlicher und geistiger Arbeit im Dienste nationaler und sozialer Ideale forderte. Damit konnte sich Auguste Victoria identifizieren, selbst wenn ihr Hauptinteresse später dem konfessionellen Flügel der bürgerlichen Frauenbewegung galt, der sich nach 1890 unter ihrer Schirmherrschaft herausbildete. Den radikalen Flügel der bürgerlichen Frauenbewegung unter Hedwig Dohm (1833–1919), der für „frei gewählte Mutterschaft" und die Abschaffung des Strafrechtsparagrafen 218 eintrat, lehnte sie ab.

Keinerlei Kontakt bestand zur sozialistischen Frauenbewegung, die sie wie alle anderen sozialistischen Bestrebungen verwarf. Clara Zetkin (1857–1933) hatte 1898 die Erkämpfung des Rechtes der Frauen auf uneingeschränkte Erwerbstätigkeit als notwendige Voraussetzung ihrer Emanzipation verkündet. Da die Frauenfrage sich der Klassenfrage unterzuordnen habe und erst mit der Veränderung der Eigentumsverhältnisse im Sozialismus erfolgen könne, lehnte Clara Zetkin eine klassenübergreifende Zusammenarbeit von proletarischer und bürgerlicher Frauenbewegung ab.

In einer solchen Auffassung sah Auguste Victoria den Aufruf zur Vorbereitung einer Revolution. Aus diesem Grund hielt sie auch das am 21. Oktober 1878 von Bismarck initiierte Gesetz „gegen die gemeingefährlichen Bestrebungen der Sozialdemokratie" für angemessen. Als Kronprinzessin nahm sie an der Reichstagsdebatte über dessen Verlängerung teil. Ihr Schwiegervater unterschrieb nach anfänglichen Bedenken im März 1888 die Verlängerung, ihr Ehemann verweigerte im Januar 1890 seine Zustimmung. Der Kaiser änderte damit jedoch nicht seine ablehnende Haltung gegenüber der Sozialdemokratie und hielt diese immer noch für gefährlich. Zu Anfang seiner Regierung und unter dem Einfluss seines früheren Erziehers Dr. Hinzpeter sah er sich selbst als „Arbeiterkaiser". Wilhelm II. wollte durch Gespräche mit den Anführern des Bergarbeiterstreiks, mit der von ihm gegen Bismarck durchgesetzten Arbeiterschutzkonferenz und der vor den Reichstagswahlen 1890 proklamierten Arbeiterschutzgesetzgebung sein Interesse an der sozialen und arbeitsrechtlichen Situation der Arbeiterschaft bekunden. Durch die Verbesserung der sozialen Lage wollte er die Arbeiterschaft einbinden.

Eine Schwächung der Sozialdemokratie erreichte Wilhelm II. mit seinen Maßnahmen jedoch nicht. Ein Jahr später verabschiedete die SPD am 21. Oktober, und damit genau 13 Jahre nach Einführung des Sozialistengesetzes, ihr „Erfurter Programm". Die SPD blieb für die Arbeiter die politische Heimat. Sie schlossen sich nicht der staatstragenden politischen und kulturellen Linie an, sondern entwickelten eine eigene Emanzipations- und Kulturbewegung. Dem Kaiser fehlte das wirkliche Verständnis für die soziale Problematik und die Situation der Arbeiterschaft. Er sah in ihr nur die „untere Schicht", die es zu beherrschen galt. Wegen des mangelnden Erfolgs als „Arbeiterkaiser" richtete er sein Interesse bald auf andere Bereiche wie den Ausbau der Flotte oder den Erwerb von Kolonien, jeweils begleitet von martialischen Reden und markigen Worten. Erst in der Osterbotschaft von 1917 versprach er ein besseres als das geltende Dreiklassenwahlrecht und erst in der Oktoberverfassung vom 26. Oktober 1918 – kaum zwei Wochen vor seiner Flucht in die Niederlande – gestattete er Reichskanzler Max von Baden die Schaffung einer parlamentarischen statt der bisherigen konstitutionellen Monarchie.

Die Kaiserin trat in vielen Bereichen für konkrete Reformen ein. Zu Beginn des 20. Jahrhunderts bat sie den preußischen Minister der geistlichen, Unterrichts- und Medizinalangelegenheiten, Konrad von Studt, eine Kommission zur Ausarbeitung von Vorschlägen für eine Verbesserung des höheren Mädchenschulwesens, der Frauenfortbildung und der Lehrerinnenausbildung in Preußen einzuberufen. Sie hielt die Bestimmungen vom 31. Mai 1894 für dringend reformbedürftig. Damit nahm sie eine in ganz Deutschland geführte Diskussion auf. Mit Pastor Burckhardt, der jungen Marie Elisabeth Lüders und Hedwig Heyl, die zu ihrem Bekanntenkreis gehörten, hatte sie über das Problem gesprochen. Auch sie plädierten für eine Verbesserung der Qualität der höheren Mädchenschulen. Der Abschluss sollte zum Studium an den preußischen Universitäten berechtigen und den Zugang zu akademischen Berufen ermöglichen.

Nach dem Tod der Kaiserin Friedrich, die die Mädchenbildung als ein nur ihr zukommendes Wirkungsfeld betrachtet hatte, ergriff sie mit dem Auftrag an den Minister die Initiative in der seit Jahren geführten Debatte über den Anspruch von Töchtern auf Bildung. Besonders die bürgerliche Frauenbewegung hatte seit langem die Forderung nach Abitur und Studium für Frauen vertreten. Dabei berief sie sich auf die öffentlich-rechtliche juristische Bezeichnung der revidierten preußischen Verfassung von 1850, die die weiblichen und männlichen Staatsangehörigen unter dem Begriff „Preußen" zusammenfasste. Obwohl das neue Bürgerliche Gesetzbuch (BGB) seit dem 1. Januar 1900 in ganz Deutschland galt, berief sich die Ministerialbürokratie auf eine auf dem Allgemeinen Preußischen Landrecht fußende Bildungstradition. Jungen und Mädchen besaßen danach einen unterschiedlichen Bildungsanspruch. Eine Tochter blieb Zeit ihres Lebens vom Vater oder dessen Rechtsnachfolger und nach ihrer mit väterlicher Zustimmung erfolgten Eheschließung vom Ehemann abhängig. Sie besaß deshalb nur einen Erziehungs-, aber keinen von der Vorbereitung auf ihre spätere Familienrolle unabhängigen Bildungsanspruch. Die Söhne waren als Ausgleich für die Aussteuer der Töchter auf eine selbstverantwortliche Lebensführung vorzubereiten. Es gab keine gesetzliche Legitimation, Jungen und Mädchen durch Verwaltungsanordnung im öffentlichen Schulwesen gleichzustellen, zumal auch das BGB im Bereich des Familienrechts eine Gleichberechtigung der Frauen nicht gesetzlich vorsah. Theoretisch bestimmte der Vater nach wie vor die Grundsätze für Erziehung und Unterricht der Söhne wie der Töchter. In der Praxis von 1900 waren nur noch die nach außen wirkenden Handlungen von Kindererziehung und -unterricht prinzipiell dem Vater oder dem statt seiner Bevollmächtigten vorbehalten, denn er allein besaß die volle Geschäftsfähigkeit. Die Mutter übernahm die innerfamiliäre Erziehung und die Begleitung des Unterrichts. Bei der Wahrnehmung dieser Aufgabe hatte die Kaiserin bemerkt, dass ihre Kenntnisse nicht ausreichten, um den Unterricht der eigenen Kinder zu überwachen. Deshalb sollte nach ihrer Meinung die Mädchenbildung auch im Interesse künftiger Mütter verbessert werden. Sie wollte für dieses Ziel alle Möglichkeiten innerhalb des gesetzlich vorgegebenen Rahmens ausschöpfen. Damit nahm sie eine Mittelstellung zwischen den Vorstellungen des Preußischen Staatsrats wie der Kultusbürokratie einerseits und der bürgerlichen Frauenbewegung, die den Rahmen sprengen wollte, andererseits ein.

Am 18. März 1903 erstattete Minister Studt Bericht: „Der Anregung Ew. Majestät folgend habe ich eine Kommission, bestehend aus den Direktoren und erfahrenen Mitgliedern der beiden Unterrichtsabtheilungen des mir unterstellten Ministeriums, mit der Befugnis der Zuziehung geeigneter Kräfte eingesetzt und ihr mit dem Ziel positiver Vorschläge die Aufgabe gestellt, die Fragen der Frauenbildung, sowohl diejenigen der allgemeinen Bildung, als auch der Fortbildung, als auch der Fachbildung und die damit in Verbindung stehenden Fragen, insbesondere der Berechtigungs- und Prüfungsfragen, einer eingehenden Berathung zu unterziehen. Ew. Kaiserlichen und Königlichen Majestät werde ich nicht verfehlen, von dem Verlauf der Verhandlungen ehrfurchtsvollen Bericht zu erstatten."

Auguste Victoria verhandelte also eigenständig und direkt mit dem zuständigen Minister. Den vorgelegten Bericht versah sie mit Unterstreichungen und Anmerkungen. Mit ihrer Kritik und ihren Vorstellungen und Wünschen musste sich die Kommission dann auseinandersetzen. Die Zustands-

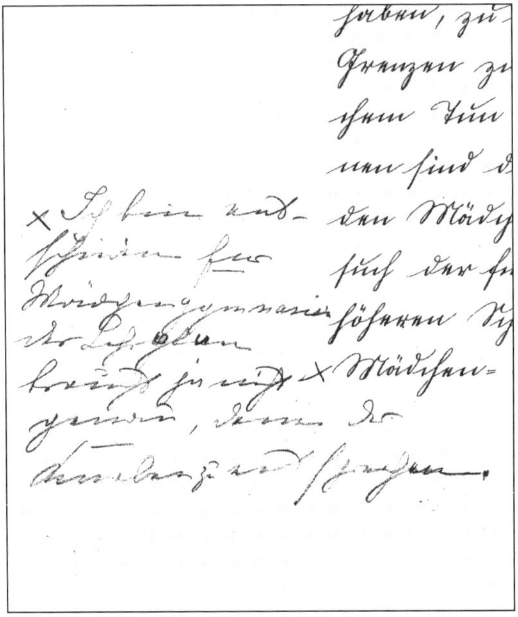

Randbemerkung Auguste Victorias im Bericht des Kultusministeriums von 1903.

beschreibung des Berichts deckte die organisatorischen, quantitativen und qualitativen Mängel des höheren Mädchenschulwesens und der Lehrerinnenausbildung auf. Die Kaiserin stimmte zu, dass Mädchenbildung weiterhin auf einer religiös-sittlichen Basis stattfinden solle. Sie müsse aber auch „so sicher und gründlich sein, daß auf ihr sich weitere Bildungsgänge aufbauen können. Jede Scheinbildung ist von Übel." Auch wenn die Absolventin keine berufliche Tätigkeit anstrebe, sei, da die Kindererziehung vielfach allein der Mutter obliege, eine Allgemeinbildung nötig, „die ihr gestatte, die geistige Entwicklung ihrer heranwachsenden Söhne und Töchter zu begleiten und zu überwachen". Damit forderte Auguste Victoria ein doppeltes Abgehen von der bisherigen Praxis: einmal für die künftige Mutter, die sich statt des Vaters auch für die heranwachsenden Söhne zuständig sah, zum anderen für die Töchter, denen sie wie den Söhnen eine geistige Entwicklung und damit deutlich mehr als nur zweckgerichtete Erziehung als Selbstverständlichkeit zusprach. Wie ihre Brüder sollten sie, falls sie nicht heirateten, ihren Lebensunterhalt in einem angemessenen Beruf erwerben können. Damit vertrat die Kaiserin ein verändertes weibliches Selbstwertgefühl gegen den männlichen Anspruch auf alleinige Zuständigkeit im Bildungsbereich. Selbst wenn sie es noch damit begründete, dass die Frauen wegen der gestiegenen beruflichen Ansprüche an die Männer diese von der Erziehung des Nachwuchses entlasten müssten, mindert das die Leistung Auguste Victorias nicht. Auf Grund ihrer eigenen Erfahrung nahm sie die Situation der alleinerziehenden Mutter, deren Kinder zeitweise ohne Präsenz des Vaters aufwachsen, vorweg.

Zur Realisierung ihres Grundanliegens äußerte sie sich ebenfalls: „Ich bin entschieden für Mädchengymnasien, der Lehrplan braucht ja nicht genau dem der Knaben zu entsprechen." Die Kommission lehnte es ab, Mädchen den Besuch von Knabenschulen zu gestatten. Sie sollten daran gehindert werden, „die Schranken, die Natur und Kultur dem weiblichen Geschlecht gesetzt haben, zu durchbrechen und die Grenzen zu verwischen, die weiblichem Tun gesetzt sind [...] und so eine größere Zahl von Mädchen auf die Universitäten zu locken." Die Kaiserin schrieb an den Rand: „Die Mädchen werden nicht auf höhere Knabenschulen gehen, wenn sie ihre eigenen Lehranstalten besuchen."

Die Kommission schlug vor, die Zahl der besonders geeigneten Frauenfachschulen zu erhöhen. Diese ließen den jungen Frauen noch Zeit für Musik, Krankenpflege oder Sprachstudien und deckten damit den Bildungsbedarf der Mädchen bis zum Zeitpunkt ihrer Heirat ab. Auguste Victoria wies den Vorschlag diplomatisch zurück: „Gewiß sind die neuen Frauenfachschulen sehr empfehlenswert, aber Frauengymnasien oder Universitäten trotzdem eine Notwendigkeit." Mit der Forderung, Lehrerinnen so auszubilden, dass sie den Ansprüchen auch der Oberstufe höherer Schulen genügten, um sie dort als Klassenlehrerinnen einzusetzen, stellte sie männliche Privilegien infrage. Bisher wurden die drei Oberstufenjahrgänge der höheren Mädchenschulen ausschließlich von Lehrern geführt. Weil die Lehrer sich den Problemen der pubertierenden Schülerinnen nicht immer gewachsen fühlten, gab man gegebenenfalls dem Ordinarius eine weibliche Hilfskraft dazu. Diese durfte nicht unterrichten, sondern nur erzieherische Aufgaben wahrnehmen. Nun aber forderte Auguste Victoria eine Frauenquote: mindestens einer der drei Oberstufenjahrgänge sollte von einer Klassenlehrerin geführt und auch unterrichtet werden. Damit ging sie in ihren Forderungen wesentlich über die vom Deutschen Frauenverein etablierte Praxis hinaus. Bei der Anmeldung von 44 Aspirantinnen, die sich zwischen 1898 und 1905 in Kursen des Allgemeinen Deutschen Frauenvereins vorbereitet hatten, zur externen Gymnasialprüfung beim sächsischen Kultusministerium in Dresden betonte die Kursleiterin Dr. Käthe Windhorst: „Den Unterricht erteilten ausschließlich promovierte Lehrkräfte staatlicher Gymnasien." Auguste Victoria wollte viel mehr als die 44 Aspirantinnen, von denen innerhalb von acht Jahren 40 in ganz Sachsen das Abitur bestanden hatten. Sie wollte auch mehr als die 95 Frauen, die sich in ganz Preußen zwischen 1900 und 1904 der Oberlehrerprüfung in zwei wissenschaftlichen Fächern unterzogen hatten. Sie wollte die Regelform zum Abitur an öffentlichen Schulen und zur Immatrikulation an preußischen Hochschulen.

Minister Studt bemühte sich um die Umsetzung der auch von ihm als berechtigt angesehenen Forderungen der Kaiserin. Der Widerstand im preußischen Kabinett und im Landtag war aber so groß, dass er 1907 entnervt von

Besuch des Kaiserpaares im Kaiser-Wilhelm-Kinderheim in Ahlbeck, 1912.

seinem Amt zurücktrat. Noch im Dezember 1906 hatte im Staatsministerium eine Grundsatzdiskussion über die Verleihung von Orden an Lehrerinnen stattgefunden, wie Studt es forderte. Finanzminister von Rheinbaben widersprach dem Anliegen. Lehrerinnen bei Orden gleichzustellen, bedeute eine höchst bedenkliche politische Gleichstellung, „weil jeder Schritt zu vermeiden ist, der das Bestreben fördert, Frauen politische Rechte zu geben". Mit großer Mehrheit wurde der Vorschlag abgelehnt.

Erst fünf Jahre nach dem Bericht vom 18. März 1903 konnte Studts Nachfolger am 18. August 1908 die Erledigung des damaligen Auftrags vermelden. Das Kaiserpaar befand sich gerade im Sommerurlaub auf Schloss Wilhelmshöhe. Zur Wahrung der verfassungsmäßigen Zuständigkeit hatte der Minister den Vorgang drei Tage vorher dem Kaiser gesandt. Wilhelm II. unterschrieb die Ermächtigung zur Umgestaltung des Mädchenschulwesens. Am 18. August 1908 unterzeichnete er auch den „Erlaß betr. Zulassung der Frauen zum Universitätsstudium". In Ermächtigung und Erlass finden sich die wesentlichen Ziele Auguste Victorias wieder. Jetzt konnten auch in Preußen Mädchen nach dem Besuch einer öffentlichen Schule das Abitur ablegen. Dabei hatten sie die Wahl zwischen dem Besuch eines Jungengymnasiums oder dem ein Jahr länger dauernden Weg über ein gesondertes Stufensystem. Ab Wintersemester 1908/09 konnten sich Frauen an preußischen Universitäten ordentlich immatrikulieren. Jedoch wurde dem jeweiligen Professor die Entscheidung zugestanden, seine Vorlesung gegebenenfalls als für Frauen ungeeignet zu deklarieren.

Auguste Victoria konnte vieles von dem realisieren, was besonders die bürgerlichen Frauenverbände gefordert, aber in Preußen bisher nicht erreicht hatten. Sie arbeitete ohne Pressewirbel und großartiges Aufsehen, blieb bescheiden und gleichzeitig hartnäckig, verfolgte nur die große Linie. Die Ausarbeitung der Einzelheiten wie auch das Finden notwendiger Kompromisse überließ sie den Fachleuten, die sie damit in die Verantwortung mit einbezog. Ein grundständiges Mädchengymnasium schuf die Reform noch nicht. Wer nicht eine auf die höhere Mädchenschule aufbauende Studienanstalt durchlaufen wollte, musste ein Jungengymnasium besuchen. Beides führte zur Hochschulreife. Doch die von der Kaiserin angeregte Durchlässigkeit zwischen den Bildungsgängen wurde berücksichtigt. Während Auguste Victoria an zwei unterschiedliche weibliche Lebensentwürfe gedacht hatte, betonte der Erlass zumindest auf den ersten Blick den Vorrang der „Vorbereitung auf die Pflichten in Haus und Familie" gegenüber der Vorbereitung auf ein Hochschulstudium. Sie kannte die Machtverhältnisse, akzeptierte Kompromisse und setzte anders als die Frauenverbände nicht bei den Ministerialbeamten, sondern mit der Rückendeckung des Kaisers bei dem verantwortlichen Minister an. Und sie bewies Geduld – gut sieben Jahre dauerte es von der Anregung bis zur Realisierung. Den Ruhm beanspruchten andere für sich; auch das nahm sie im Interesse der Sache hin. Der Kaiser jedoch wusste um die Leistung seiner Frau und erwiderte auf die Laudatio des preußischen Ministerpräsidenten zur Silberhochzeit 1906: „Ich sage meinen herzlichsten Dank für die Worte, die Ew. Durchlaucht soeben im Namen des Staatsministeriums an uns gerichtet haben. Das Staatsministerium hat im Laufe seiner Arbeit wiederholt die Freude gehabt, Einwirkungen ihrer Majestät der Kaiserin und Königin nachzugeben und sie ausführen zu können, und so hoffe ich, daß die Herren auch in ferner Zukunft ihre Arbeit mit mir gemeinsam ausführen und stets im Auge behalten und nicht vergessen, daß die erste Frau Deutschlands, die Königin von Preußen, wie alle deutschen Frauen mäßigend und leitend auf ihre Gedanken einwirken soll. So hoffe ich, daß Gott auch in den nächsten Jahren unsere Arbeit segnen möge."

Die Leistung, die Kultusminister Studt im Auftrag und mit Unterstützung der Kaiserin vollbrachte, lässt sich nur ermessen, wenn man die Widerstände dagegen kennt. Studts Vorgänger, Kultusminister Dr. Robert Bosse (1892–1899), hatte noch am 25. April 1898 begründet, warum er der Stadt Breslau die Errichtung des beantragten Mädchengymnasiums verweigerte: „Vor allem ist ungeklärt, inwieweit Mädchen an den Universitäten immatrikuliert sein dürfen. Er will Frauen nicht zu Konkurrentinnen der Männer erziehen und hält am Ziel fest, sie zu guten Hausfrauen und Müttern zu erziehen. Einzelne haben allerdings berufliche Befähigung, besonders als Ärztinnen und werden bereits als Hospitantinnen zugelassen; generelle Frauen-Emanzipation ist abzulehnen", heißt es im Protokoll der Sitzung des preußischen Staatsministeriums. Unter Bosse waren somit alle Bemühungen der Frauenverbände wie auch der Kaiserin Friedrich erfolglos. Am 16. Mai 1902 traten Studt und Handelsminister Möller im Staatsministerium für die versuchsweise Einrichtung von Gymnasialkursen für Mädchen ein, weil Preußen nicht hinter anderen Staaten zurückbleiben dürfe. Andere Minister sahen darin eine Abweichung von der bisher verfolgten Linie. Das führe unweigerlich zur Studienberechtigung und zu beruflichen Laufbahnen als Referendarinnen oder Pastorinnen, also zum Beamtenstatus für Frauen. Noch am 13. April 1905 wurde eine weibliche Laufbahn als Justiz- oder Verwaltungsbeamtin, Rechtsanwältin etc. abgelehnt, „da dann Schranken fallen und es sogar zur Verleihung des Wahlrechts kommt". Das Staatsministerium einigte sich damals auf den Kompromiss, „bis zur Reform der höheren Schulbildung für Mädchen zu warten sowie das zahnärztliche, pharmakologische, juristische und theologische Studium nur extern und ausnahmsweise zu gestatten". Das Männerprivileg für akademische Berufe begann zu bröckeln – Ärztinnen und Mittelschul-Lehrerinnen durften die Frauen jetzt werden. Ansonsten wurde blockiert: Die allgemeine Studienerlaubnis wurde zurückgestellt bis zur Neuordnung der Mädchenbildung; diese jedoch kam nicht voran, weil sie zur Studienerlaubnis führte. Damit aber sah man das Wahlrechtsprivileg der

Männer fallen. Erst am 11. Juli 1908 verabschiedete das Staatsministerium die Denkschrift zur Neuordnung des Mädchenschulwesens.

In der oben erwähnten Rede Wilhelms II. zur Silberhochzeit hatte er dem Staatsministerium empfohlen, den Anregungen seiner Frau zu folgen. Somit billigte er ausdrücklich Eingriffe der Kaiserin in den Politikbereich. Einen ersten hatte sie bereits 1892 vorgenommen. Am 24. März schrieb sie der Schwester: „Aber wir leben in furchtbar ernsten Zeiten u. manchmal kann einem das Herz zittern, die Politik is nod bed of roses u. für den armen Wilhelm ist es momentan recht schwer. Aber es wird mit Gottes Hilfe Alles gut werden [...]. Nicht aus bleibt natürlich, daß alle diese Sachen mich auch sehr quälen, wirst Du wohl verstehen, besonders wo ich es ohne Wilhelm durchstehen muß. Aber vielleicht ist es eben so gut. Ich spreche dann ab und zu die Herren, da hat W. auch nichts dagegen. [...] wenn ich nur W. im aller geringsten helfen kann dann bin ich schon froh. G.L. geht es W. besser, er ruht sich im Walde aus, wenn auch alle diese Sachen wohl ihm wenig geistige Ruhe gönnen. Ich hoffe er kommt Freitag oder Donnerstag zurück, dann ist er 8 Tage in Hubertusstock. [...] – Caprivi war heute bei mir. Er hat mich G.L. sehr beruhigt."

Was war geschehen? In den Reichstagswahlen vom Februar 1890 hatte das Zentrum durch die Zunahme an Mandaten eine Schlüsselposition errungen. Das brachte die Reichsregierung in Schwierigkeiten. Deshalb schwenkte der Reichskanzler und preußische Ministerpräsident Caprivi von den Liberalen auf die Linie des Zentrums ein. Der Kaiser folgte Caprivis taktischem Schwenk und opferte den Kultusminister Goßler. Dieser hatte mit Bismarck und den konservativ- nationalliberalen Kräften zusammengearbeitet. Das von Goßler vorgelegte Volksschulgesetz fiel im preußischen Abgeordnetenhaus als Folge der neuen Mehrheit durch. Nun gestattete der Kaiser Caprivi, den ultrakonservativen Grafen von Zedlitz-Trützschler als Nachfolger Gosslers zu berufen. Sein Entwurf für ein Volksschulgesetz entsprach den Wünschen des Zentrums. Dieses sah Religion als oberstes Bildungsgut, eine kirchliche Schulaufsicht für die Volksschulen und die Erlaubnis zur Gründung von privaten Konfessionsschulen vor. Die Vorlage des Gesetzes erzeugte eine ungeheure Widerstandswelle. Außerdem drohte das Reich im Falle eines Verlustes der reichsfreundlichen liberalen Mehrheiten in Süddeutschland auseinander zu brechen. Wilhelm II. sah die Gefahr und beteuerte im Kronrat, er werde das Schulgesetz ohne Zustimmung der Mittelparteien nicht annehmen. Damit war Zedlitz-Trützschler gescheitert. Aus Solidarität mit ihm bot Caprivi ebenfalls seinen Rücktritt an. Wilhelm lehnte das Angebot ab und fuhr nach Hubertusstock. Er überließ es seiner Frau, in Berlin die Gemüter zu beruhigen und Caprivi zu besänftigen, denn eine Kanzlerkrise wäre wegen anderer aktueller Schwierigkeiten mehr als unpassend gewesen. Die Kaiserin führte Gespräche und brachte Caprivi dazu, während der acht

Tage zweimal – am 20. und 23. März – nach Hubertusstock zu fahren. Nach seinem zweiten Besuch ging er zur Kaiserin und konnte sie „sehr beruhigen". Offenbar hatten beide für Caprivis ersten Besuch einen Ausweg aus der Krise gesucht und eine Strategie für das Gespräch mit dem Kaiser beraten, bei der beide Seiten das Gesicht wahren konnten: Caprivi blieb Reichskanzler, aber nicht mehr preußischer Ministerpräsident. Die Kaiserin kannte ihren Mann gut genug, um Caprivi die richtige Argumentation für die Gespräche mit dem Kaiser empfehlen zu können.

Die zweite Bewährungsprobe für Auguste Victorias Eingreifen in den Politikbereich kam 1908 mit der sogenannten Daily-Telegraph-Affäre. Obwohl sie dazu keine verfassungsmäßige Berechtigung besaß, verhinderte ihr Eingreifen in die Staatsaffäre den Thronverzicht des Kaisers. Der „Daily Telegraph" hatte am 28. Oktober 1908 einen Artikel veröffentlicht, der auf Gespräche des Kaisers mit dem englischen Oberst Stuart Wortley zurückging. Vor der Veröffentlichung hatte Wilhelm II. den Text dem Reichskanzler vorgelegt, wie es die Verfassung gebot, und auf einige kritische Stellen hingewiesen. Bülow erteilte die Druckgenehmigung. Nach dem Erscheinen brach ein Pressesturm los. Der davon völlig überraschte Kaiser war fassungslos. Reichskanzler Bülow beruhigte und entlastete ihn scheinbar durch die amtliche Erklärung vom 31. Oktober. So fuhr er am 3. November zu einem vierzehntätigen Jagdurlaub. Auguste Victoria aber war keineswegs beruhigt. Obwohl sie sonst so gut wie nie das Reichskanzlerpalais aufsuchte, fuhr sie bereits am nächsten Tag dort vor. Sie teilte Bülow ihre Besorgnis wegen der Entwicklung der Lage mit und warf die Frage nach dem vorzeitigen Rückruf des Kaisers auf. Am nächsten Tag bat sie den Reichskanzler schriftlich, den Kaiser nach dem kurzen offiziellen Besuch in Wien zurückzurufen und nicht nach Donaueschingen weiterreisen zu lassen. Bülow reagierte darauf ebenso wenig wie auf Rückrufungsbitten anderer. In ihrer Besorgnis suchte Auguste Victoria Bülow am 8. November ein weiteres Mal in seinem Amt auf. Auch das half nichts. Vielmehr gestaltete Bülow die Reichstagssitzungen am 10. und 11. November zu einer Art Scherbengericht über den Kaiser. Als Wilhelm endlich die Heimreise antreten wollte, fuhr ihm die Kaiserin bis Baden-Baden entgegen. Am 15. November traf sie mit ihrem Mann zusammen, als er dort von Donaueschingen aus ein geplantes Programm absolvierte. Einen Tag später fuhren sie gemeinsam nach Potsdam zurück. Sie hatte also ausreichend Zeit, Wilhelm aus ihrer Sicht über die Situation zu unterrichten, bevor er am 17. November mit Bülow zusammentraf.

Bülow schob auch in den Sitzungen des Staats- und des Kronrates wie vorher bereits im Reichstag alle Schuld auf den Kaiser. In der Öffentlichkeit gebärdete er sich als der Hüter der Verfassung und der konstitutionellen Monarchie. Er zwang Wilhelm zum Verzicht auf eine eigene freie Rede und ließ ihn am 21. November 1908 eine von ihm übergebene Rede verlesen. Das empfand der Kaiser als schwere Demütigung. Die Enttäuschung über Bülows Verhalten führte am 23. November zum körperlichen und seelischen Zusammenbruch. Seine Frau pflegte ihn allein, entschied über Besucher und damit darüber, wer ihn beeinflussen konnte. Wilhelm erwog seine Abdankung. Deshalb ließ Auguste Victoria den Kronprinzen zum Vater rufen. Sie appellierte an das Ehrgefühl des Sohnes, als dieser das Angebot erwartete, den Thron zu übernehmen. „Geh hinein zum Vater. Und prüfe dein Herz, ehe du dich entscheidest", sagte sie ihm, bevor er das Zimmer des Vaters betrat. Ihre Worte hatte sie sehr überlegt gewählt: Sie schickte den Sohn zum Vater, nicht den Kronprinzen zum Kaiser, obwohl es um den Rücktritt des Kaisers ging und dieser den Sohn seit Jahren selten als Sohn behandelt hatte, sondern ihm immer als militärischer Vorgesetzter – als Kaiser! – begegnet war. Jetzt wurde der oberste Dienst- und Kriegsherr wieder zum Vater, dem gegenüber das vierte Gebot zu befolgen war. Der Sohn reagierte, wie es die Mutter gewünscht hatte. Als der Vater von seiner Enttäuschung über die Vorgänge, seiner Mut- und Hoffnungslosigkeit sprach, versuchte er ihn aufzurichten und zu beschwichtigen. Er hatte eine solche Situation noch nie erlebt. Da gab sich der Sohn mit einer vorübergehenden Stellvertretung zufrieden, obwohl er die ganze Macht hätte haben können.

Stärker als die eigenen Wünsche und die politischen Differenzen mit dem Vater war in dieser Situation der Wunsch der Mutter. Die Kaiserin hatte Bülow gefragt, ob denn die Abdankung Wilhelms II. unumgänglich sei. Bülow verneinte und versprach, den Thron für Wilhelm zu erhalten. Schon kurze Zeit später reute den Kronprinzen offenbar seine Entscheidung. Er erkundigte sich beim Reichskanzler über seine Aussichten, den Thron zu besteigen. Bülow zog es jedoch vor, mit einem angeschlagenen Kaiser statt mit dessen schneidigen Sohn zusammenzuarbeiten. Er verwies auf seine Zusage an die Kaiserin. Auguste Victoria hatte also durch ihr Eingreifen in die Daily-Telegraph-Affäre ihrem Ehemann den Thron erhalten. In der Folge mischte sie sich immer dann in politische Entscheidungen ein, wenn sie meinte, Wilhelm II. damit zu helfen. Durch die Affäre hatte er einen Teil seiner Selbstsicherheit und des Vertrauens in die Ratschläge Dritter verloren. Er brauchte seine Frau jetzt deutlich mehr als vorher. Sie wurde ihm unentbehrlich. Viel öfter als früher wünschte er sie an seiner Seite. Mit Ausnahme der jährlichen Nordlandfahrten, an denen sie nur zweimal teilgenommen hatte, und vieler Jagdreisen verbrachten sie die Urlaube auf Korfu, in Wilhelmshöhe oder Homburg ebenso wie die Auslandreisen zusammen.

Fast den Charakter einer schwierigen Auslandsreise besaß der Besuch der preußischen Provinz Posen im August 1913. Auch hier, wo das Staatsministerium in seiner Polenpolitik durch Zwangsmaßnahmen eine „Regermanisierung" erreichen wollte, waren Auguste Victorias Augenmaß und ihr diplomatisches Geschick gefragt. Aus den auf dem Wiener Kongress 1815 erworbenen Gebieten um die Stadt Posen war die preußische Provinz Posen gebildet worden. Trotz seiner bis ins 16. Jahrhundert weithin deutschen Bevölkerung sah sich die Provinz als polnisches Stammland. Preußen aber wollte die Stadt Posen zum Mittelpunkt des Deutschtums in der Provinz entwickeln, obwohl die Deutschen nicht die Mehrheit der Bevölkerung stellten. Dieser Vorstellung diente das „Ansiedelungsgesetz“: Zum Verkauf stehende deutsche Güter wurden aufgekauft und auf deutsche Familien aufgeteilt. Kultusminister Goßler (1881–1891) wollte außerdem durch den Wegfall des Polnischunterrichts an den Grundschulen den Gebrauch der deutschen Sprache erzwingen. Die Bevölkerung wich in einen nationalpolnisch orientierten privaten Polnischunterricht aus. Um den zu unterbieten, wurde 1893 an den Grundschulen wieder ein freiwilliger polnischer Lese- und Schreibunterricht erlaubt. Besonders heftige Gegenwehr rief der Beschluss des Staatsministeriums vom 12. Oktober 1896 hervor, die Fahnen in der Provinz Posen von weiß-rot auf weiß-schwarz-weiß zu ändern. Fahnen in den polnischen Farben wurden verboten.

In die noch immer gereizte Stimmung fiel der Besuch des Kaiserpaares. Die Einweihung der Kapelle im Posener Residenzschloss diente als Anlass der außerordentlich sorgfältig vorbereiteten Reise. Kriegs- und Revolutionsgefahr sowie die Verbreitung der panslawistischen Bewegung begleiteten den Besuch. Selbst die Musiktitel bedurften deshalb der vorherigen Genehmigung. Sie sollten die fast 100 Jahre bestehende „Deutschheit“ demonstrieren und an die Freiheitskriege erinnern. Der Posener Provinzialsängerchor ehrte die Gäste mit einer Serenade. Neben Hoffmann von Fallerslebens besinnlichem „Abendlied“ sang der Chor das „Schwertlied“ von Theodor Körner und Carl Maria von Weber mit der martialisch klingenden vierten Strophe: „Dir hab’ ich mich ergeben, mein liebes Eisenleben, als wären wir getraut. Wann holst du deine Braut? Hurra, hurra.“

Für jede bei einem ihrer Empfänge vorzustellende Person war ein kurzes Dossier der Kaiserin vorher zur Begutachtung vorgelegt worden. Fünf Fürstinnen standen an der Spitze der Gesellschaft, darunter eine mit einem Polen verheiratete österreichische Erzherzogin und die polnische Ehefrau eines polnischen Kammerherrn. Alle 21 Vertreter(innen) der evangelischen Frauenhilfe, des Evangelisch-kirchlichen Hilfsvereins und des Vaterländischen Frauenvereins waren Deutsche. Auguste Victorias Unmut zeigte sich in den Randbemerkungen. Ein Herr von Massenbach fungierte als Schriftführer des Frauenvereins. Die Kaiserin schrieb an den Rand: „Ein Mann!“ Sie ließ seine Funktion als Schriftführer noch durchgehen. Dass er aber die Organisation der ländlichen Wanderhaushaltsschulen in der Provinz übernommen hatte, missfiel ihr. Sie kommentierte es mit der Bemerkung: „Wer leitet diese?“, und der Unterstreichung des Wortes „Landmädchen“. Wichtig war ihr die Schulung der Landmädchen, gleichgültig ob sie aus deutschen oder polnischen Familien kamen. Sie wollte nicht den Organisator, sondern eine Kursleiterin anhören, und sie bezweifelte, dass ein Mann in einer zentralen Behörde besser als eine Frau vor Ort die Kurse organisieren konnte. Sie kritisierte die Unterrepräsentanz der polnischen Mehrheitsbevölkerung und bemängelte bei der Delegation von Evangelischem Hilfsverein und Frauenhilfe durch die Bemerkung „kath. nichts", dass in einer überwiegend von Katholiken bewohnte Provinz die Vertreterinnen katholischer Vereine übersehen worden waren. Sie fühlte sich für die Gesamtbevölkerung zuständig und wollte durch ihre Anwesenheit gerade die zwangsadaptierten Gruppen als gleichberechtigte Staatsbürger sehen und zu ihrer Integration beitragen.

Die Zugehörigkeit der Provinz zu Preußen fand sie jedoch rechtens, wie sie auch die deutschen Kolonien als rechtmäßig erworben wertete, zumal diese nach ihrer festen Meinung dadurch einen größeren Wohlstand, einen höheren Grad an Zivilisation und Fortschritt erreichten. Sie sah im Kulturexport eine Wohltat für die Betroffenen und eine Christenpflicht. Das demonstrierte sie bei der Pilgerfahrt des Kaiserpaares im Oktober 1898. Über diese Reise ist Positives wie Negatives veröffentlicht worden. Wilhelm und Auguste Victoria nahmen die gleiche Route wie 30 Jahre vor ihnen Wilhelms Vater zur Eröffnung des Suezkanals. Hatte der damalige Kronprinz im Auftrag Kaiser Wilhelms I. das Areal des alten Johanniterhospizes und der Kirche in Besitz nehmen können, so weihten Sohn und Schwiegertochter nun die auf dem Gelände mit überwiegend deutschem Geld errichtete evangelische Erlöserkirche ein. Am Reformationstag 1893 fand die Grundsteinlegung, am Reformationstag 1898 die Einweihung statt. Sie sollte ein Zentrum für die evangelische Bevölkerung Jerusalems werden. Jüdische, katholische und muslimische Repräsentanten begleiteten die Reisenden. Die erste Ehrenpforte in Jerusalem hatten jüdische Bewohner errichtet. Ein alter Rabbiner mit einer Thorarolle begrüßte sie mit einem hebräischen Gebet. Den Eingang zur Geburtskirche in Bethlehem bewachte seit langem eine muslimische Familie.

Die Kaiserin besuchte die unterschiedlichen Wohlfahrtseinrichtungen. Das Willkommenslied der Kinder des jüdischen Waisenhauses berührte sie sehr: „Die Kinder Juda rufen aus voller Seele jubelnd: Gesegnet, der da kommt im Namen des Herrn! Willkommen deutscher Kaiser, willkommen deutsche Kaiserin in Jerusalem!" Das Lied in Anklang an Psalm 118,26 galt weniger den christlichen Gästen als den Menschen, die im Gegensatz zu den osmanischen Herren die zahlreichen Wohlfahrtseinrichtungen personell und finanziell unterstützten. Als Dank wurde Auguste Victoria fast überall mit einem deutschen Lied begrüßt – im armenischen Waisenhaus, das der deutsche Jerusalemverein gegründet hatte, im Haus für die Aussätzigen, wo Herrnhuter Schwestern und Brüder aus Niesky arbeiteten, im syrischen Waisenhaus mit einer angegliederten Klasse für Blinde, geleitet von einem Direktor aus Köln, oder im 1866 gegründeten Erziehungshaus für Mädchen der einfachen Stände. Auch das von Kaiserswerther Diakonissen betriebene deutsche Hospital erwartete den Besuch der Kaiserin. Hier wurden kranke Araber versorgt. Die Kaiserin lobte die liebevolle Pflege, die Sauberkeit der Räume und die Küche. Mit Genuss aßen sie und ihre Begleitung in den Küchenräumen das Tagesgericht – Reis mit Tomaten.

Auguste Victoria freute sich über die Vielzahl und Vielfalt der karitativen Einrichtungen im Entstehungsland des Christentums. Es schien sie nicht zu stören, dass damit ein Export abendländisch-christlicher Kultur auf Kosten des kulturellen Erbes verbunden war. Entsprechend dem zeitgenössischen Denken war ihr wichtig, dass Hilfe für Bedürftige und Hilflose in möglichst optimaler Form geleistet wurde. Es lag ihr fern, etwas überzustülpen. Sie wollte vorhandene Lücken mit Bewährtem füllen und christliche Nächstenliebe praktizieren. Ausdrücklich lobte sie die an das einheimische Kochen angelehnte Küche und die Ausbildung von einheimischen Waisen und Unterprivilegierten zu Lehrer(inne)n und Krankenpfleger(inne)n. Natürlich stand dabei der Missionsgedanke bei den Mitarbeitern wie bei ihr ebenfalls Pate.

VI. Die Kriegskaiserin

Auguste Victoria kannte den Krieg. Als Fünfjährige war sie mit dem zweiten Deutsch-Dänischen und dem ihm folgenden Deutsch-Deutschen Krieg hautnah konfrontiert worden. Mit zwölf Jahren durchlebte sie im Deutsch-Französischen Krieg die Angst um den Vater. Angst begleitete sie durch ihr Leben. Sie befürchtete soziale und politische Veränderungen auch in Deutschland. Sie hatte Angstträume: „Ich habe diese Nacht von der französischen Revolution geträumt u. von umherziehenden Weiberhorden, es war schrecklich ungemüthlich. Gott bewahre uns vor dergleichen!“, schrieb sie ihrem Ehemann am 27. September 1890. Die Angst war immer gegenwärtig, auch wenn man nicht darüber sprach: „Wilhelm sagt mir nichts; wenn man nicht darüber spricht it worries on.“ Der Anschlag auf den Kaiser im März 1901 steigerte ihre Angst: „Wenn sie geheiligte, gekrönte Häupter zur Zielscheibe ihrer Launen etc. machen, denn an Wahnsinn oder Epilepsi bei den Männern glaube ich nicht.“ Am 1. Oktober 1911 schrieb sie der Schwester: „Es ist kein bequemer Beruf in dieser Zeit Kaiser zu sein wo die Politik so rasch sich ändert.“ Die Angst verstärkte ihre Abneigung gegen jede Form der Liberalisierung, steigerte das Festhalten am Gegenwärtigen und nach ihrer Meinung Gewollten und Bewährten. Ihre Haltung war konservativ und antiliberal, dennoch bei aller Entschiedenheit weder fanatisch noch aggressiv. Neben der Angst gehörte die Hoffnung zu ihren Lebensmaximen. Sie konnte und wollte sich nicht damit abfinden, dass Menschen etwas auf Dauer Angelegtes wie die Monarchie beseitigen könnten.

Auguste Victoria fürchtete den Krieg; doch der war immer gegenwärtig. Schon 1897 hatte sie damit zu tun: „[...] da ich eine Abordnung von Pflegerinnen und Ärzten mit Verbandssachen etc. empfangen muß, ehe sie nach Athen geschickt werden. Meine Schwägerin Sophie hat schon Lazarette mit eng. Freiwilligen Schwestern eingerichtet. Auf die türkische Seite würden wir natürlich auch Pflegerinnen schicken, wenn es gewünscht würde. Freilich nicht angenehm für die Armen.“ Begeisterung spricht nicht aus dem Brief an Calma, nur Pflicht und Sorge. Die rasch aufeinanderfolgenden Kriege zwischen 1900 und 1914 ließen sie nicht mehr los. Nach der Sorge wegen der russisch-japanischen Auseinandersetzung kamen ihr 1905 erstmals ernsthafte Zweifel an dem Fortbestand einer alten Dynastie und der dort seit langem bestehenden Gesellschaftsordnung, als die Schwester Heiratskandidaten für ihre Töchter suchte: „Was Rußland betrifft, würde ich an Deiner Stelle sicher nicht mich darauf einlassen. Bedenke die jetzigen Zustände! Wer weiß, wie lange der Thron noch bestehen wird!“

Der Kaiser verabschiedet sich bei Kriegsbeginn von seinen Schwiegertöchtern.

Auguste Victoria hatte die Entwicklung im zaristischen Russland verfolgt. Sie war informiert, wie die alten europäischen Monarchien weltweit um ihre wirtschaftlichen Interessen stritten. In Deutsch-Südwest-Afrika kämpften seit 1903 die Hereros gegen die deutschen Kolonialherren. Im August 1904 wurde der Aufstand blutig niedergeschlagen. Von 80.000 Hereros überlebten nur 12.000. Außerdem drohte eine Auseinandersetzung um Marokko. Der Kaiser musste dabei 1905 eine Niederlage hinnehmen. Wie in Russland schwelte auch dort die Gefahr weiter. Zudem war er durch verwandtschaftliche Bindungen in die beiden Balkankriege eingebunden. Gerade diese hatten gezeigt, wie schnell aus Bündnispartnern Gegner werden konnten. In entsprechende Vorsorgemaßnahmen bezog der Kaiser auch seine Frau ein. Mit Tochter und Schwiegertöchtern inspizierte Auguste Victoria Depots für Kriegslazarette und ließ sich vom Generalarzt der Armee über die Einsatzfähigkeit im Ernstfall informieren: „Dann habe ich eben all die Schwestern, Ärzte, Pfleger empfangen, die nach Griechenland, Bulgarien u. Constantinopel Nurfel gehen. Das Herz zieht sich einem doch schmerzlich zusammen. [...] Wer weiß wann sie zurückkommen [...]", äußerte sie im Oktober 1912.

Schließlich kam der Krieg. Sie hatte ihn jahrelang befürchtet und geglaubt, Deutschland könne durch Hilfsmaßnahmen bei anderen kriegerischen Auseinandersetzungen aus einem Krieg heraus gehalten werden. Wie der Kaiser richtete auch die Kaiserin einen Aufruf an die Menschen. Am 6. August 1914 rief sie die deutschen Frauen zur tätigen Mithilfe vor allem für die zu erwartenden Opfer des Krieges auf. Nicht nur die Verbände unter ihrer Schirmherrschaft, sondern auch bürgerliche Frauenverbände unterstützten den Aufruf. Marie Elisabeth Lüders, die seit 1901 in der deutschen Frauenbewegung tätig war und in den beiden ersten Kriegsjahren die Frauen-Arbeitszentrale beim preußischen Kriegsministerium leitete, bekannte: „Es konnte für die Frauen nur eine Parole geben: Einreihen! [...] Mit dem lebendigen Bewußtsein, dienender Teil der Nation zu sein, setzten wir unsere ganze Kraft für das ein, was wir eben tun konnten. Es war unser Glück, daß dieses Tunkönnen mit unserem Tunwollen so völlig übereinstimmte."

Vorbild darin war die Kaiserin. Sie kam nicht mehr zur Ruhe, bezahlte ihre rastlose Tätigkeit mit der Verschlimmerung ihres seit Jahren bestehenden Herzleidens. In sechs Schlössern ließ sie Lazarette einrichten. Unermüdlich besuchte sie Verwundete und Munitionsfabriken, die Frauen beschäftigten. Sie sammelte das Fallobst im Homburger Schlossgarten zur Herstellung von Marmelade auf, verteilte mit ihren Schwiegertöchtern Suppe an die hungernde Bevölkerung und ließ für die frierenden Soldaten warme Unterwäsche sammeln, denn das Kriegsministerium hatte mit einem kurzen Krieg und einem schnellen Sieg vor dem Anbruch des Winters gerechnet. Auf ihre Anregung ging die „Strumpfaktion" zurück. Durch den Krieg hatten viele Familien den Ernährer und viele Frauen ihre bisherige Verdienstmöglichkeit verloren. Deshalb verteilten die Wohlfahrtsverbände seit Herbst 1914 monatlich 100.000 Kilogramm Wolle an bedürftige Frauen, damit diese in Heimarbeit Soldatensocken stricken konnten. Für jedes Paar erhielten die Frauen maximal eine Mark. Auf diese Weise gelangten monatlich etwa 600.000 Paar Socken zu den Soldaten.

Frauen übernahmen einen Teil der bisher von Männern besetzten Arbeitsplätze. Das Kriegsministerium hatte zwar eine Frauenarbeitszentrale eingerichtet, diese jedoch mit Männern besetzt. In den Firmen und Fabriken kam es wegen der großen Fluktuation der eingesetzten Frauen immer wieder zu Produktionsausfällen. Die Männer in der Zentrale verstanden nicht, welche begleitenden Maßnahmen zum Schutz von Müttern und Kindern bei der Besetzung von Männerarbeitsplätzen mit Frauen getroffen werden mussten. Deshalb schlug die Kaiserin dem Kriegsministerium vor, Marie Elisabeth Lüders mit der Leitung der Frauenarbeitszentrale zu betrauen. Im Oktober 1916 begann Frau Dr. Lüders mit ihrer Arbeit. Auguste Victoria bat sie zu einem Gespräch über die Lebens- und Arbeitsbedingungen der für den militärischen Bedarf arbeitenden Frauen. In ihren Lebenserinnerungen berichtet Frau Lüders: „Das Erstaunen der Kaiserin steigerte sich zusehends und ging nach und nach in unverhohlene Empörung über. Sie hatte mit vollem Recht den Eindruck, daß man ihr bei ihren Besuchen Potemkinsche Dörfer aufgebaut und unzutreffende Angaben gemacht hatte." Für die oft über weite Strecken zu ihrem Arbeitsort transportierten Frauen waren spe-

An Homburgs Frauen!

Während unsere tapferen Krieger draußen im Felde stehen und für Deutschlands Existens und Ehre kämpfen, ist bei so mancher Familie, welcher der Ernährer genommen ist, die bittere Not eingekehrt.

Hier gilt es zu helfen!

Sind uns für diesen Zweck auch bereits Liebesgaben in erfreulichem Maße zugeflossen, die uns in Stand gesetzt haben, manche Träne zu trocknen, so wissen wir doch, daß die Zukunft noch große Anforderungen an unsere Hilfstätigkeit stellen wird.

Wie es bereits in anderen Städten mit Erfolg unternommen ist, möchten wir nun auch hier eine besondere

Sammelstelle für goldne und silberne Schmucksachen

einrichten, die entbehrt werden können.

Sucht in Euren Kasten, dann findet ihr solche entbehrlichen Ketten, Ringe, Spangen, Dosen usw. Diese bitten wir Euch zu bringen um damit zur Linderung der Not beizutragen. Tauscht dies entbehrliche Gold und Silber gegen ein an den Ernst der Zeit erinnerndes Schmuckstück aus Eisen mit der geweihten Inschrift:

„Gold gab ich für Eisen."

Euren Nachkommen wird dies stets ein Zeichen eures Opfermutes sein.

Herr Juwelier **Kliemann**, Louisenstraße, hat sich bereit erklärt, die Schmuckgegenstände anzunehmen und dafür das Diplom und einen eisernen Schmuckgegenstand nach Wahl auszuhändigen.

Bad Homburg v. d. Höhe, den 24. September 1914.

Homburger Frauenverein:
Freifrau v. Lersner.
Namens der Stadt:
Oberbürgermeister Lübke.

Aufruf „An Homburgs Frauen!", 1914.

zielle Infrastrukturmaßnahmen notwendig. Das Angebot von Kindergärten, Horten und Stillstuben war häufig räumlich wie hygienisch unzureichend, außerdem fehlte ausgebildetes Personal. Frau Dr. Lüders schätzte den dafür notwendigen Finanzbedarf auf eine Million Mark.

„Die Kaiserin stimmte zu, erhob sich und ging – ohne uns zu verabschieden – in das übernächste Zimmer des Kaisers, um den Betrag aus dessen Dispositionsfonds zu erbitten. […] Nach einigen Tagen kam ein Telegramm, das die Erfüllung meiner Wünsche bestätigte. Hocherfreut nahmen wir die Vorarbeiten für die Verwendung des Geldes in Angriff […]", schrieb Dr. Lüders. Das alles waren rührende und sicher auch hilfreiche Maßnahmen, um das durch den Krieg hervorgerufene Leid etwas zu mildern. Aber es war ein Kurieren am Symptom.

Dazu kam die Sorge um den Kaiser sowie die sechs Söhne im Feld und ihre Familien. Auguste Victoria unterschied sich darin nicht von Millionen anderer Frauen, die ohne Männer den Alltag zu bewältigen hatten. Als 1916 der jüngste Sohn Joachim in Abwesenheit des Kaisers Marie Auguste von Sachsen-Anhalt heiratete, organisierte sie die Feierlichkeiten, während der Kaiser nur mit einem Brief gratulieren konnte.

Propagandapostkarte: die Kaiserin im Lazarett.

Mit großer Sorge sah Auguste Victoria, die von sich wie von anderen die Zurückstellung der eigenen Bedürfnisse erwartete, wie die durch den Krieg bedingten Veränderungen der Lebensumstände der Frauen auch ihre Schwiegertöchter veränderten. Während jedoch die Mehrzahl der Frauen aus Not und Pflichtgefühl den bisher den Männern vorbehaltenen Part übernahmen, reklamierten ihre Schwiegertöchter Sophie Charlotte und Alix den Zuwachs an Freiheit durch das Fehlen der Männer für sich. Sophie Charlotte, die Ehefrau Eitel Friedrichs, bat ihren Vater um die Einwilligung zur Scheidung. Für kurze Zeit verließ sie ihren Ehemann zugunsten ihrer Jugendliebe. Der Kaiser verbot die Scheidung. Seine Autorität reichte noch aus, dass die Schwiegertochter sich wie schon bei der Hochzeit 1905 seinem Spruch beugte und zu Eitel Friedrich zurückkehrte. Auguste Victoria dachte nur an ihren Sohn; für sie war das Verhalten der Schwiegertochter, einen Kaisersohn um einer Jugendliebe willen zu verlassen, unverständlich. Noch härter traf sie das Verhalten ihrer Nichte Alix, der seit 1908 mit August Wilhelm verheirateten Tochter ihrer Lieblingsschwester Calma. Alix hatte sich stark verändert, kokettierte mit ihrer Schönheit und suchte für ihr Aussehen auch außerhalb der Ehe Bestätigung. Ihre Ausbrüche aus der Ehe ließen sich schon 1916 nicht mehr vertuschen, und Auguste Victoria musste Calma schreiben: „In dieser schweren Zeit auch noch diese Sorge zu haben, ist manchmal etwas viel, doch ich will Dich nicht traurig machen. Wir müssen Gott bitten, daß er Alix einmal ins Gewissen redet, der wird helfen. Wodurch ist denn alles gekommen? Durch Eitelkeit und Gefallsucht u. daß sie sich nicht beherrschen kann." Alix verzichtete auf die ihr zugedachten Lazarettbesuche, auf die Reise zu ihrem Ehemann, auf die Betreuung ihres einzigen Kindes zugunsten der eigenen Pläne. Als ihr Schwiegervater in ihrer Potsdamer Wohnung mit ihr sprach, habe sie ganz still zugehört und am nächsten Tag den Schwiegereltern einen Brief geschickt, um Verzeihung gebeten und Besserung gelobt. Doch änderte sich nicht viel. Die kaiserliche Autorität bewirkte nur noch wenig. Im Sommer 1918 beschäftigten sich Alix und August Wilhelm mit der Renovierung von Schloss Rheinsberg. Das hatte sich das Kaiserpaar als Maßnahme zur Rettung der Ehe ausgedacht. Den Schock über die Abdankung des Kaisers und den Zusammenbruch des Reiches verarbeiteten sie auf einer Silvesterreise 1918 in den Thüringer Wald und mit dem Versuch, sich ihren Lebensunterhalt durch Malerei zu verdienen. All das konnte die Ehe nicht retten, belastete jedoch Wilhelm und Auguste Victoria durch die sich darin andeutenden gesellschaftlichen Veränderungen und Autoritätsverluste zusätzlich.

Auguste Victorias Haltung zum Krieg war zwiespältig. Sie fürchtete Kriege und hoffte, Deutschland werde davor bewahrt. Andererseits konnte sie Kriege auch rechtfertigen. „Wilhelm schreibt, ein heiliger Krieg wie ein Kreuzzug müßten wir dafür weiter kämpfend einstehen. Wir kämpfen für

Das deutsche Kaiserhaus, 1915.

Menüfolge der königlichen Mittagstafel, 1917.

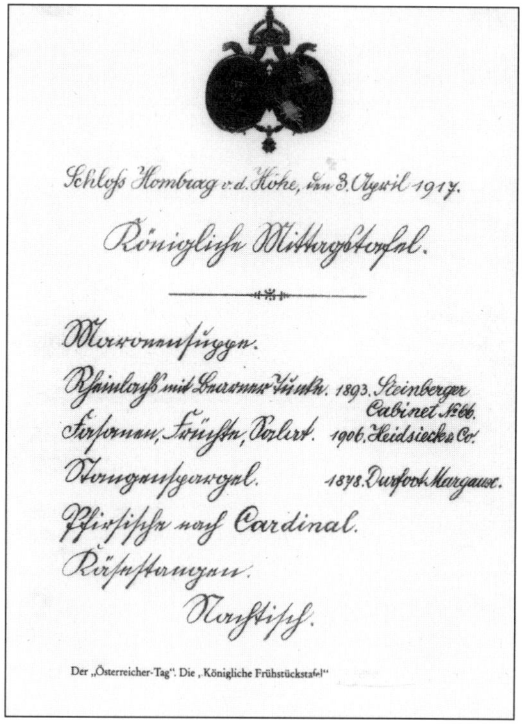

Schloss Homburg v.d. Höhe, den 3. April 1917.

Königliche Mittagstafel.

Maronensuppe.

Rheinlachs mit Brauner Butter. 1893. Steinberger Cabinet №66.

Hühner, Früchte, Salat. 1906. Heidsieck & Co.

Stangenspargel. 1878. Durfoot Margaux.

Pfirsiche nach Cardinal.

Käsestangen.

Nachtisch.

Der „Österreicher-Tag". Die „Königliche Frühstückstafel"

Recht, Religion, Cultur, Civilisation und die Anderen […] um Raub und Herrschsucht", meinte sie am 17. Januar 1917 gegenüber der Schwester. Ihre Rede vom 6. August 1914 wies sie als glühende Patriotin und Verfechterin eines reinen Verteidigungskrieges aus. Gleichzeitig schien sie anders als die Militärs Schrecklichkeit und Dauer des Krieges bereits in ihrem Aufruf von 1914 realistisch einzuschätzen: „Dem Ruf des Kaisers folgend, rüstete sich unser Volk zu einem Kampf ohnegleichen, den es nicht heraufbeschworen hat und den es nur zu seiner Verteidigung führt. Wer Waffen zu tragen hat, wird freudig zu den Fahnen eilen, um mit seinem Blute einzustehen für das Vaterland. Der Kampf aber wird ungeheuer und die Wunden unzählige sein, die zu schließen sind. Darum rufe ich euch, deutsche Jungfrauen und alle, denen es nicht vergönnt ist, für die geliebte Heimat zu kämpfen, zur Hilfe auf. Es trägt jeder nach seinen Kräften dazu bei, unseren Gatten, Söhnen und Brüdern den Kampf leichtzumachen. […] Ich weiß, daß in allen Kreisen unseres Volkes ausnahmslos der Wille besteht, diese hohe Pflicht zu erfüllen."

Gleichzeitig bemühte sie sich um die Opfer, deren Zahl sie möglichst gering halten wollte: „Ja es ist mir auch sehr nahe gegangen, daß nachdem die Offensive erst so großartig vorwärts ging nun dieser Stopp kam; es war richtig, nun nicht zu viele Menschen zu opfern. Gott wird schon weiterhelfen,

Anstehen in der Suppenküche, 1918.

davon bin ich fest überzeugt", meinte sie noch 29. Juli 1918. 1914/16 war sie völlig verstört wegen der Kämpfe in Flandern und Verdun sowie wegen der unzähligen Opfer. Trotzdem konnte sie kurz vorher der Schwester schreiben: „G.L. sind die Nachrichten aus dem Osten so sehr großartig. Wilhelm hat doch die ganze Front bereist, alle Truppen gesehen sogar auf 2 Schlachtfeldern die Angriffe mit gesehen. Wie schön für ihn u. die Truppen. Außerdem 4 Söhne noch in Thätigkeit gefunden, Fritz als Sieger v. Tarnopol, Oscar und Auwi u. jetzt zuletzt noch Joachim oben bei Mitau Libau. Im Westen in Flandern scheinen die Kämpfe ja jetzt wieder heftiger zu werden. Wie gut daß Fritz trotzdem zur Taufe kommen konnte." Die Aussage ist nicht nur wegen des unvermittelten Nebeneinanders von Kriegs- und Privatgeschehen schwer nachvollziehbar. Verkannte sie die Situation so völlig oder spiegelt sich darin nur ihre Erleichterung wider, dass der Vater vier seiner Söhne gesund vorgefunden hatte? War es die Freude, dass die Generäle dem obersten Kriegsherrn einen Kontakt zu seinen Truppen gegönnt hatten, wenn sie ihm dabei auch lediglich protokollarische Aufgaben zugestanden? Hoffte sie, dass der längst de facto entmachtete Kaiser dadurch ein wenig an Stärke und Selbstwertgefühl zurückerhalten könnte?

Dabei war die Kaiserin nicht unschuldig an der Passivität, dem Macht- und Ansehensverlust des obersten Kriegsherrn. Sie selbst hatte sich bei Personalentscheidungen gegen ihren Ehemann gestellt, wenn sie meinte, ihm dadurch helfen und ihn schützen zu können. Schon in der Vorkriegszeit hatte sie das von Großadmiral Tirpitz forcierte Flottenbauprogramm gefördert.

Dank ihrer Unterstützung wusste Tirpitz (1849–1936) seine Stellung zum Kaiser gegenüber Reichstag und öffentlicher Meinung so zu stärken, dass er den größten politischen Einfluss auf den Kaiser ausübte. Den Reichskanzler beunruhigte der Trend, „der sich in der Politik abzeichnete. Ihm schien, daß Wilhelm inzwischen nur noch auf zwei Ratgeber hörte: auf seine Frau [...] und auf Tirpitz", urteilte der Historiker Palmer. Im Dezember 1915 hatte der Kaiser Tirpitz' Wunsch abgelehnt, zum Oberkommandierenden aller Seestreitkräfte ernannt zu werden; bisher befehligte er die Hochseeflotte. Wilhelm wurde unsicher.

Schon bald nach Kriegsbeginn hatte Auguste Victoria mit Einmischungen in Personalentscheidungen begonnen. 1914/15 betrieb die Oberost-Heeresleitung die Ablösung Erich von Falkenhayns, der am 14. September 1914 zum Chef des Generalstabs ernannt worden war. Da die schnellen Erfolge an der Westfront ausblieben, traten Moltke und Hindenburg für die Absetzung Falkenhayns ein. Dieser hatte es abgelehnt, Truppen von der Westfront abzuziehen und Hindenburg an der Ostfront zuzuführen. Moltke und Hindenburg bezogen die Kaiserin in ihre Pläne, Falkenhayn zugunsten von Hindenburg und Ludendorff abzusetzen, ein. Moltke rühmte sich am 23. Januar 1915 gegenüber Hindenburg: „Der Schritt, den Sie, ich und die Kaiserin unternommen haben, [...] hat Wirkung gezeigt." Falkenhayn musste das Amt des Kriegsministers, das er seit 1913 ebenfalls ausübte, abgeben. Damit war die personelle Verbindung vom Generalstab zu Reichskanzler und Reichsregierung gelockert und die Machtgewichtung von der Reichsregierung zugunsten der Obersten Heeresleitung verschoben worden. Die eigentliche verfassungsgemäße Klammer zwischen beiden, der Kaiser, füllte die Aufgabe immer weniger aus. Er hatte Ludendorff versetzen und Hindenburg entlassen wollen, ließ sich aber von seiner Frau umstimmen. Sie sah in Hindenburg den konservativen Verfechter des kaiserlichen Deutschlands und verwies auf die Bedeutung der öffentlichen Meinung. Die Bevölkerung würde eine Entlassung des „Helden von Tannenberg" nicht verzeihen, wenn ohne Hindenburg der erhoffte schnelle Sieg ausbliebe. Durch ihren Einspruch verhinderte sie Hindenburgs Entlassung.

Generalstabschef Falkenhayn wurde am 19. Mai 1916 nach Bad Homburg, wo sich das Kaiserpaar seit dem 24. April bzw. dem 9. Mai aufhielt, zu einer Besprechung mit dem Kaiser gebeten. Beider Ansichten stimmten weithin überein. Mit Unterstützung der Kaiserin drang Tirpitz auf einen unbeschränkten U-Boot-Krieg, um „England in die Knie zu zwingen". Die Kaiserin unterstützte gegenüber dem Kaiser die Argumentation Tirpitz'. Das Versprechen des Großadmirals, auf diese Weise England zu besiegen, beeindruckte sie mehr als die Bedenken ihres Mannes. Sie schien den Mut zum Risiko zu besitzen, der ihm offenbar fehlte, und sie wies ein beträchtliches Beharrungsvermögen auf. Deshalb versuchte Tirpitz wie auch andere, die

Kaiser Wilhelm II. im September 1918.

Kaiserin für seine Ansichten zu gewinnen. So wurde am 1. Februar 1917 erneut die Rückkehr zum unbeschränkten U-Boot-Krieg beschlossen, um die fortdauernde britische Blockade zu brechen. Kaiser und Reichskanzler beugten sich der Kaiserin und Hindenburg; die Kaiserin unterstützte Hindenburg und damit die Oberste Heeresleitung aus den gleichen Gründen wie vorher Tirpitz und trat für eine völlige Blockade Englands ein. Wilhelms Gegengründe erwiesen sich in der Folge als zutreffend. Wie der Reichskanzler zweifelte er am Erfolg, da sich bisher keine Blockade als vollständig erwiesen hatte. Außerdem fürchtete er den Eintritt der USA in den Krieg. Seine Argumente überzeugten seine Frau nicht; er bat den stellvertretenden Reichskanzler Dr. Helfferich, ihr die Gründe noch einmal vorzutragen. Helfferich stand vor einer unlösbaren Aufgabe, da auch die Reichstagsmehrheit für den uneingeschränkten U-Boot-Krieg plädiert hatte.

Auguste Victoria traf ihre Entscheidungen danach, was ihr für ihren Ehemann als das Günstigste erschien. Zur Aufbesserung des kaiserlichen Ansehens bedurfte es nach ihrem Eindruck der vermeintlichen Stärke und des heldenhaften Rufes eines Hindenburgs. Ihrem Mann dachte sie die repräsentierend-diplomatische, aber keine tragende Rolle in der militärischen Verantwortung zu. Die strategische und kriegshandwerkliche Arbeit sollte Hindenburg leisten. Sie schirmte ihren Mann mit der Begründung ab, er dürfe nicht beunruhigt werden, und isolierte ihn im Rahmen ihrer Möglichkeiten nach außen. Es wurde ihr nie bewusst, dass sie selbst zur Entmachtung des Kaisers und zum Hineingleiten Deutschlands in einen Zustand beigetragen hatte, der nicht weit von einer Militärdiktatur entfernt war.

Zwischen dem 5. und dem 11. August 1916 hatte sich das Kaiserpaar wieder in Bad Homburg aufgehalten. Die Umgebung des Kaisers rügte, er beschäftige sich stundenlang mit dem Bau eines Brunnentempels, mache nachmittags eine Landpartie zur Saalburg oder zu seiner Schwester nach Kronberg und lehne aus Zeitmangel das Lesen eines Berichtes über die Lage im Osten ab. Wilhelm II. war so sehr vom eigentlichen Krieg entfernt, dass er tatsächlich in den ihm von Auguste Victoria zugedachten Raum auswich, wann immer es möglich war. Er verlegte sein „Kaiserliches Hauptquartier" am 13. März 1917 nach Bad Homburg. Im Schloss ersetzte man die bei möglichen Luftangriffen gefährliche Gasbeleuchtung durch elektrisches Licht und baute zwei Luftschutzkeller ein. Von dort fuhr Wilhelm II. mit dem Hofzug dienstags und freitags nach Bad Kreuznach, wo sich die Oberste Heeresleitung mit Hindenburg und Ludendorff aufhielt. Seine repräsentativen Termine absolvierte er von Bad Homburg aus. Auguste Victoria war fast immer bei ihm. Am 3. April 1917 kam das neue österreichische Kaiserpaar mit außerordentlich großem Gefolge für elf Stunden nach Bad Homburg. Österreich strebte wegen der katastrophalen Ernährungslage eine neue Friedensaktion an. Die deutschen Teilnehmer des Treffens sahen das als Zeichen der Schwäche und rieten zum Durchhalten. Das deutsche „Durchhaltevermögen" demonstrierte man mittags an der getrennten Familien- und Marschalltafel und am Spätnachmittag an der gemeinsamen Tafel. Selbst wenn die Menüfolge für eine Kaisertafel sparsam erscheinen mag, stand sie doch in krassem Gegensatz zur Ernährungslage der Bevölkerung; diese rechtfertigte die österreichische Lageeinschätzung. Auguste Victoria entwickelte eine herzliche Abneigung gegen Zita, der sie einen unheilvollen Einfluss auf Kaiser Karl unterstellte.

Auch der König von Bulgarien, Ferdinand I. aus dem Hause Sachsen-Coburg und Gotha, erschien mit zwei Söhnen und zwei Militärs in Bad Homburg. Er besuchte die Saalburg und die Erlöserkirche, bevor der Kaiser und er am Nachmittag nach Bad Kreuznach zu mehrtägigen Verhandlungen mit der Obersten Heeresleitung fuhren. Im Dezember 1917 begab sich Wilhelm an die Westfront. Seinen 59. Geburtstag feierte er in Berlin. Zu seinen Ehren nahm das Kaiserpaar an einem Festgottesdienst im Dom teil. Wegen der Arbeiterunruhen – 600.000 Menschen streikten in ganz Deutschland – fuhren beide abends nach Bad Homburg zurück. Wenige Tage später, am 5. Februar, besuchte das bayerische Königspaar ebenfalls mit großem Gefolge Bad Homburg. Wilhelm und Auguste Victoria reisten am 19. Februar zum Gegenbesuch nach München, denn das Königspaar feierte seine Silberhochzeit. Am 22. Februar kam Kaiser Karl mit 16 Herren noch einmal für zwölf Stunden zu einer Besprechung nach Bad Homburg. Nach dem Sonderfrieden mit der Ukraine vom 9. Februar 1918 wähnte man sich dem Sieg-Frieden nahe und feierte das Ereignis mit einem Gottesdienst in der Erlöserkirche. Die Stadt war beflaggt. Mehr als 4.000 Menschen versammelten sich im oberen Schlosshof zu einem Festakt. Das Kaiserpaar stand auf dem Balkon. Wilhelm bedankte sich für die Ansprache des Oberbürgermeisters. Drei Tage später tagte der große Kriegsrat mit Hindenburg und Ludendorff zur Besprechung der Lage in Bad Homburg. Nach der Unterzeichnung des Friedensvertrags von Brest-Litowsk schien sich das Kriegsgeschehen zugunsten der Deutschen zu wenden. Wenige Tage danach wurde am 11. März 1918 das kaiserliche Hauptquartier in Bad Homburg aufgelöst. Das Kaiserpaar fuhr mit dem Hofzug zunächst nach Berlin und von dort nach Spa, wo Hindenburg und Ludendorff inzwischen das Große Hauptquartier eingerichtet hatten, um nun den versprochenen Sieg im Westen zu erreichen.

Auguste Victoria lebte in Bad Homburg in zwei Welten. Sie empfing Kaiser und Könige und bewirtete sie angemessen. Sie reiste im Hofzug zum Gegenbesuch nach Laxenburg und München, und gleichzeitig sammelte sie das Fallobst im Schlosspark für Marmelade zur Verteilung an die Hungernden. Sie besuchte ihren Mann, wenn er sich bei der Obersten Heeresleitung aufhielt, hörte dort den Lärm der Geschütze und tröstete die Verwundeten in den Lazaretten. Sie sah und bedauerte die große Zahl der Kriegsopfer und klammerte sich an jede kleine Siegesmeldung. Sie glaubte Hindenburgs Beruhigungen, obwohl ihr Ehemann sie über den Ernst der Lage zu informieren versuchte. Sie pendelte zwischen Berlin, dem jeweiligen Großen Hauptquartier und Wilhelmshöhe hin und her. Dort erlitt sie im August 1918 einen leichten Schlaganfall. Wilhelm hielt sich bei ihr auf, obwohl seine Anwesenheit in Spa wie in Berlin dringend notwendig war. Er hatte innerlich bereits kapituliert und suchte die Nähe der Kranken. Sie erholte sich überraschend schnell. Mitte September verließ Wilhelm das Schloss Wilhelmshöhe. Ende September schickte er General Gontard nach Wilhelmshöhe, um die Kaiserin über den Ernst der Lage und das zu erwartende Kriegsende zu informieren.

Anfang Oktober berief der Kaiser letztmals einen Reichskanzler – Prinz Max von Baden. Seine „Oktoberreformen" vermochten die Situation im Innern nicht mehr zu beruhigen. Die Matrosen der Hochseeflotte meuterten. In Kiel kam es zu einem bewaffneten Aufstand der Matrosen; die Menschen hungerten, Streiks und Demonstrationswellen erreichten Berlin. Dort diskutierte man bereits einen möglichen Thronverzicht des Kaisers. Auguste Victoria rechnete mit dem Schlimmsten. Ihre Hoffnung wich ihrem Realismus. Sie weinte, als sie ihren letzten Kriegsgeburtstag im Sterbezimmer Friedrichs III. mit einem Hausgottesdienst beging. Am 28. Oktober bat sie den vorherigen Reichskanzler Michaelis ins Neue Palais. Sie wollte sich von ihm bestätigen lassen, dass eine Abdankung des Kaisers doch unmöglich sei. Sie konnte den Meinungsumschwung nicht fassen – vor wenigen Wochen hatten die Arbeiter von Krupp in Essen dem Kaiser zugejubelt, jetzt forderten sie seine Abdankung. Nach dem letzten gemeinsamen Mittagessen mit Michaelis drängte Auguste Victoria ihren Mann zum Verlassen von Berlin. Sie wollte ihn unbedingt aus dem Einflussbereich des Reichskanzlers entfernen. Allein, ohne jede Begleitung, brachte sie ihn am 30. Oktober mit einer roten Rose zum Bahnhof und küsste ihn erstmals in ihrer 37-jährigen Ehe in der Öffentlichkeit, bevor er nach Spa abfuhr. Auf den dringenden Rat Hindenburgs begab sich der Kaiser von Spa aus am 10. November in das niederländische Exil. Das Exil hatte Hindenburg offenbar bereits vorbereitet. Wenige Stunden davor schien Wilhelm nicht wirklich mit Abdankung, Zusammenbruch und Exil gerechnet zu haben, denn er schrieb ihr: „Die Söhne müssen Deine Verteidigung übernehmen, bis wir von hier zu Hilfe kommen. Wenn es in Potsdam nicht mehr sicher ist, mußt Du mit den Kindern nach Königsberg oder Rominten gehen. [...] So Gott will, auf Wiedersehen, so nicht, heißen unauslöschlichen Dank für Deine treue Liebe, Dein tiefgebeugter Mann."

In seinem ersten Brief aus Amerongen, dem ihm von der niederländischen Regierung zugewiesenen Exil, schrieb er: „Ich sorgte, Du könntest doch, auch wegen der Kinder, mir böse sein, daß es so kam." Auguste Victoria wollte dem Kaiser umgehend ins Exil folgen. Die niederländische Regierung genehmigte ihre Einreise, die deutsche erlaubte die Ausreise und stellte ihr dafür einen Extrazug zur Verfügung. Der Abschied fiel ihr dennoch schwer. Sie ließ die befreundete Hedwig Heyl zu sich kommen: „Mittwoch, am Bußtag, den 22. November 1918, wurde ich in das Neue Palais eingeladen. Ein Einspänner holte mich von Wildpark [...] ab. [...] Im Schloß standen

Matrosen. [...] Größte Unordnung. [...] Ich ging in die zweite Etage, in die Privatgemächer der kaiserlichen Familie. Die hohe Frau [...] weinte an meinem Halse ihr furchtbares Leid aus. [...] Ich sagte, was ich wußte, sagte auch daß der Fortgang des Kaisers uns alle tief gekränkt habe. ‚Ja, was sollte er denn angesichts des Bürgerkrieges, der ihm angedroht wurde, denn tun? O, sagen Sie es überall, wie er gezwungen wurde, abzudanken. [...] Ich muß zum Kaiser!' [...].“ Mit diesen Worten beschrieb Hedwig Heyl ihren letzten persönlichen Kontakt zu Auguste Victoria.

In der Dunkelheit des Spätnachmittags des 27. November fuhr die Kaiserin zum Abschiedsgottesdienst in die Potsdamer Pfingstkirche. Erika von Hornstein, die neunjährige Stieftochter des Vertrauten des Kaiserhauses Ulrich von Sell, war mit ihrer Mutter in der Kirche. Sie erinnerte sich wie folgt: „Kerzenschein flackerte über den dicht gedrängten Köpfen. [...] Aufrecht und langsam, nach allen Seiten grüßend, trat jetzt die Kaiserin [...] in die dunkle Kirche, alles erhob sich raschelnd von den Plätzen, die Orgel setzte ein. Ich wäre am liebsten davongelaufen, aber [...] blieb [...] an der Hand meiner Mutter, bis alles vorüber war, auch der Abschied, der kaiserliche Handschuh hatte für einen Augenblick meine Kinderhand berührt, ich hatte meinen Knicks gemacht, während meine Mutter neben mir im Hofknicks versank. Doch stellte ich erleichtert fest, daß meine Mutter nicht weinte. Ich horchte auf das verhaltene Schluchzen ringsum.“

VII. Freiwillig im Exil

Am Abend bestieg Auguste Victoria am Bahnhof Wildpark den Zug. In ihrer Begleitung befanden sich ihre Hofdame Gräfin von Keller, Freiherr von Spitzemberg, der Leibarzt Dr. Förster, zwei Garderobefrauen und ein Kammerdiener. Als sie am Morgen des 28. November in Amerongen eintraf, erwartete sie Wilhelm II. in Uniform allein an der Brücke des Schlossgrabens. Sie umarmten sich erstmals öffentlich. Das war ein deutliches Zeichen der äußeren und inneren Veränderungen vom Kaiserpaar zum privaten Ehepaar. Die deutsche Regierung hatte die Ausreiseerlaubnis bei den Verhandlungen Sells im Auftrag des Kaisers in Berlin an die Bedingung geknüpft, dass Wilhelm II. eine von der Regierung verfasste Abdankungserklärung unterschreibt. Der Regierungsbeauftragte Köster soll die Kaiserin gleich nach ihrer Ankunft gebeten haben, ihren Einfluss auf den Kaiser geltend zu machen, damit er die Unterschrift leiste. Er unterschrieb, und am Abend konnte sich der Sonderzug mit Herrn Köster und dem Dokument auf die Rückfahrt begeben. Wilhelm hatte bereits vorher, um seiner Frau die Ausreise zu ermöglichen, schriftlich erklärt, dass sein Aufenthalt in den Niederlanden einem faktischen Rücktritt gleich komme; die Berliner Regierung bestand auf einem juristisch eindeutigen Text:

> *Ich verzichte hiermit für alle Zukunft auf die Rechte an der Krone Preußens und die damit verbundenen Rechte an der deutschen Kaiserkrone. Zugleich entbinde ich alle meine Beamten des Deutschen Reiches, sowie alle Offiziere, Unteroffiziere und Mannschaften der Marine, des preußischen Heeres und der Truppen des Bundeskontingentes des Treueeides, den sie Mir als ihrem Kaiser, König und Obersten Befehlshaber geleistet haben. Ich erwarte von ihnen, daß sie bis zur Neuordnung des Deutschen Reiches den Inhabern der tatsächlichen Gewalt helfen, das Deutsche Volk gegen die drohenden Gefahren der Anarchie, der Hungersnot und der Fremdherrschaft schützen.*
> *Gegeben Amerongen, den 28. November 1918*
> *Wilhelm.*

Obwohl Wilhelm für alle Zeit auf sämtliche Rechte eines preußischen Königs und deutschen Kaisers verzichtet hatte und in den Niederlanden als Privatperson zu leben versprach, war damit für ihn weder das Kapitel Thronverzicht noch das Kapitel Krieg und Kriegsfolgen abgeschlossen. Die Alliierten hatten seine Auslieferung wie die von 900 anderen Deutschen verlangt, um sie von

Auguste Victoria nach ihrer Ankunft auf der Brücke zum Schloss Amerongen, 1918/19.

einem internationalen Tribunal für das Kriegsgeschehen zur Verantwortung zu ziehen. Aus englischer Sicht galt Wilhelm II. als der alleinige Schuldige des Krieges. Der britische Premierminister Lloyd George hatte seine Kampagne für die Parlamentswahlen mit der Parole plakatiert: „Hängt den Kaiser!" Zwar stand die niederländische Regierung treu zu dem gewährten Asyl. Dennoch überlagerte die Furcht vor der Auslieferung das erste gemeinsame Jahr in Amerongen.

Unsicherheit, Angst, Abwarten und Hoffnung auf das Eingreifen des amerikanischen Präsidenten Wilson bestimmten das Leben. Schon im Dezember 1918 schrieb Auguste Victoria eine Art endgültigen Abschiedsbrief an die Kinder für den Fall, dass dem Auslieferungsbegehren stattgegeben würde. Bereits damals hatte man offenbar Fluchtpläne ausgearbeitet; als allerletzter Ausweg wurde der gemeinsame Freitod zumindest nicht völlig ausgeschlossen: „Meine Kinder. Falls Papa und ich Euch durch Gottes Willen nicht wieder sehen sollten, soll dieser Brief Euch letzte Grüße u. Segen überbringen. Es sind namenlos schwere Tage, aber der Glaube an Gott, der doch noch einmal helfen kann, hält uns aufrecht. Für Papa ist es am schwersten, so machtlos zu sein u. alles über sich ergehen zu lassen. Noch hoffen wir, daß wenn Wilson landet vielleicht eine Erleichterung eintritt, aber ausliefern

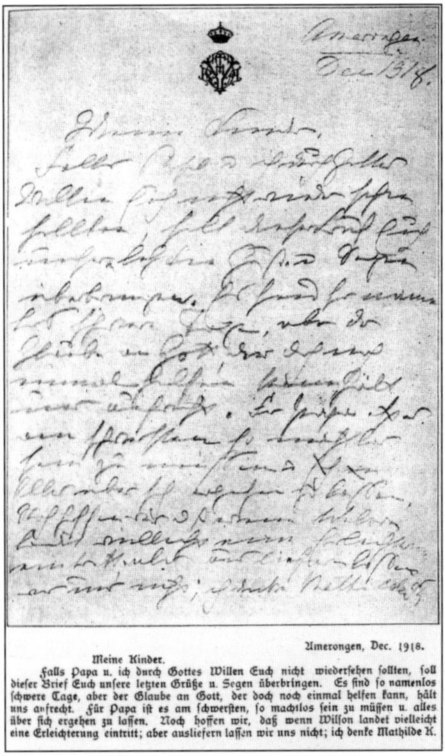

Amerongen, Dec. 1918.

Meine Kinder.

Falls Papa u. ich durch Gottes Willen Euch nicht wiedersehen sollten, soll dieser Brief Euch unsere letzten Grüße u. Segen überbringen. Es sind so namenlos schwere Tage, aber der Glaube an Gott, der doch noch einmal helfen kann, hält uns aufrecht. Für Papa ist es am schwersten, so machtlos sein zu müssen u. alles über sich ergehen zu lassen. Noch hoffen wir, daß wenn Wilson landet vielleicht eine Erleichterung eintritt; aber ausliefern lassen wir uns nicht; ich denke Mathilde K.

Vorbeugender Abschiedsbrief Auguste Victorias an die Kinder.

lassen wir uns nicht; ich denke, Mathilde K. wird diese Zeilen überbringen, sonst irgend jemand von unseren Leuten.“ Tatsächlich befand sich dieser eigenhändige Brief in einem Umschlag, den eine nicht genannte Dame nach Auguste Victorias Tod dem Berliner Verleger Pfeiffer zusammen mit handschriftlichen Gedichten der Kaiserin übergab.

Gedanklich war die von den Siegermächten geforderte Auslieferung immer gegenwärtig. Unterschiedliche Vorschläge erreichten Amerongen, auch einer des Kölner Erzbischofs Kardinal Hartmann. Wilhelm II. solle sich einem internationalen Gerichtshof unter dem Vorsitz des Papstes stellen; ihm zur Seite würden der spanische König und die niederländische Königin stehen. Papst Benedikt XV. werde ihm, sofern er es wünsche, in Rom Asyl gewähren. Wilhelm lehnte den Vorschlag am 28. Mai ab, da seine Sicherheit in den Niederlanden nicht gefährdet sei und die Entente den Vorschlag des Erzbischofs wohl kaum annehmen werde.

Trotz des in der internationalen Presse eifrig erörterten Für und Wider einer Auslieferung und der mit den insgesamt drei Auslieferungsersuchen verbundenen unterschwelligen Drohungen, beispielsweise englische Lebensmittellieferungen an die Niederlande einzustellen, hoffte man auf die Standhaftigkeit der niederländischen Regierung.

Die Niederländer unterstützten die Haltung ihrer Regierung: „Unsere Minister haben eine schwere Zeit vor sich. Wir wünschen nur, daß sie mit kühlem Kopf und mutigem Herzen tun, was Ehre und Würde unseres Landes erfordert, und alles verweigern, was diese Ehre und Würde verbietet", zitierte die „Frankfurter Zeitung" am 6. Juli 1919 einen Artikel aus dem niederländischen „Het Vaderland".

Auguste Victoria schlief unruhig; sie schreckte nachts auf: „Jetzt holen sie ihn!". Am 20. Januar 1920 übergaben die Siegermächte der niederländischen Regierung den ersten Auslieferungsantrag. Der zweite, von Lloyd George unterschriebene, wurde am 14. Februar übergeben. Auf ihm fehlten die Unterschriften der USA und Italiens. In ihrer Antwort stellte die Regierung klar, sie könne dem Ersuchen nicht stattgeben, denn der wichtigste Grundsatz der Asylpolitik der Niederlande bestehe in der Verweigerung der Auslieferung von Asylanten, „welche zu allen Zeiten denen einen Zufluchtsort geboten haben, die in internationalen Konflikten eine Niederlage erlitten haben". Bei dem dritten Auslieferungsantrag vom März 1920 verzichtete man auf eine Antwort.

Schon nach dem ersten Antrag überbrachte Exzellenz Kan, der Verbindungsbeauftragte der Regierung, dem Kaiserpaar in Amerongen die erlösende Nachricht, die Regierung verweigere eine Auslieferung. Die Kaiserin vergoss Tränen der Erleichterung. Nun war die Sorge um den weiteren Aufenthalt genommen, die Sicherheit in den Niederlanden garantiert. Wilhelm II. bedankte sich bei seinen Gastgebern durch die Zusage, er werde die an ihn gestellten Forderungen strikt einhalten: „Ich werde ohne Vorwissen der Königlich Niederländischen Regierung das von ihr bezeichnete Gebiet nicht verlassen. Ich lebe in den Niederlanden als Privatmann, enthalte mich jeder politischen Betätigung und werde daher den Niederlanden keine politischen Schwierigkeiten bereiten. Gegen die Fortdauer der Zensur meines Briefwechsels werde ich keine Einwände erheben." Nach seiner Erklärung vom 10. März 1920 erweiterte die Regierung am 17. März den Bewegungsraum der Asylanten auf einen Umkreis von 15 Kilometern. Nur die Städte Utrecht und Amersfoort durfte der Kaiser nicht besuchen.

Für niederländische wie ausländische Neugierige und viele Journalisten blieb das entmachtete Kaiserpaar außerordentlich interessant. Sie wollten alles wissen: was der Kaiser aß, welche Kleidung er trug und wie viele Autos er hatte. Dabei lebte das Kaiserpaar unspektakulär wie gewöhnliche Pensionäre. Bald nach der Ankunft standen Teile des eigenen Hausstandes zur Verfügung. Im Hofzug, mit dem Wilhelm gekommen war, wie im von Auguste Victoria benutzten Sonderzug hatten sich ausreichend Besteck, Geschirr, Küchengeräte, Wäsche, Wein und Sekt befunden. Die preußische Regierung honorierte die vollzogene Abdankung und die Beschlagnahmung des kaiserlichen Besitzes mit einer Million Mark, die sie bereits vor dem 30. November überwiesen hatte.

Auguste Victoria versuchte Normalität in die neuen Lebensbedingungen zu bringen. In der ersten Zeit lebten beide hauptsächlich für sich, nahmen an den täglichen Morgenandachten ihres Gastgebers, des Grafen Bentinck, und an einer Hauptmahlzeit teil. Sonst aßen sie in ihren Räumen. Wie früher hatten sie ein gemeinsames Schlafzimmer. Jeder war morgens informiert, ob der andere eine gute oder eine weniger gute Nacht verbracht hatte. Wenn Atembeschwerden Auguste Victoria zu stark quälten, wechselte sie aus Rücksicht auf Wilhelm auf die Couch in ihrem Ankleidezimmer über. Darüber informierte er dann am Morgen den Arzt, denn der Gesundheitszustand der Kaiserin erregte Besorgnis. Nach der Morgenandacht sägte der Kaiser Holz oder arbeitete bis zum Mittagessen in seinem Schreibzimmer. Die Kaiserin spazierte durch den Garten zum Sägeplatz, beschäftigte sich zusammen mit Gräfin Keller mit ihrer Post oder ruhte. Das Mittagessen, die sogenannte Frühstückstafel, fand um 13 Uhr statt. An sie schlossen sich Gespräche mit dem Hausherrn und die Mittagsruhe an. Gegen 20 Uhr nahm man die Abendmahlzeit ein. Die anschließenden Gespräche wurden gegen 23 Uhr beendet.

Auguste Victoria bemühte sich, an den Festtagen etwas von den alten Traditionen zu bewahren. Wenn es ihre Herzbeschwerden zuließen, schrieb sie jedem in ihrer Umgebung einen persönlichen Geburtstags- oder Festtagsgruß. Die erhaltenen Grußkarten lassen das Abnehmen der physischen Kraft erkennen – am Ende reichte es nur noch zu einem anrührenden Namenszug auf den mit Bibelsprüchen versehenden Karten. Für das erste Weihnachtsfest hatte sie aus Deutschland eine Kiste mit kleinen Geschenken mitgebracht. Diese baute sie unter dem mit Lametta und vielen Kerzen geschmückten Tannenbaum auf, den die Brüdergemeine ihnen geschenkt hatte. An Calma schrieb sie am 28. Dezember über dieses erste Christfest im Exil: „Mein l. Kindchen. Gestern erhielt ich Deinen l. Brief vom 18., am frühen Morgen bei Sternenglanz geschrieben, er hat mich zu Thränen gerührt. […] Der Herr hat freundlich geholfen, daß die Weihnachtstage weniger schwer wurden wie ich befürchtete. Wir, er und ich, Mathilde u. 3 Herrn, dann unsere Leute, hatten einen herrlichen Baum von der Brüdergemeine geschenkt bekommen, wirklich sehr rührend, sonst hätten wir uns keinen gemacht. Er las das Weihnachtsevangelium vor, Gedanken an alle Kinder, Enkel etc., Friede auf Erden, der ist in diesem Jahr noch viel weniger wie in den Kriegsjahren bei mir. Wir werden wirklich durch dunkle Thäler geführt, möchte der Herr uns nur einmal wieder heraus führen. – Von hier kann ich sagen, es geht besser, ich stehe manchmal neben seinem Bett, er läßt Dich sehr grüßen, er steht aber am Tage doch für Stunden auf. Mir geht es auch besser. Wir waren aber beide über 14 Tage nicht mehr an der Luft gewesen. Ein merkwürdiger Winter, noch kaum Schnee oder Frost, viel Regen und Sturm.“

Wilhelm litt an Depressionen wie an der Angst vor Auslieferung oder Entführung durch die Siegermächte. Solche Versuche hatte es gegeben; sie

Verlobung in Amerongen: Auguste Victoria, die Braut Elisabeth von Bentinck und Gräfin Mathilde Keller, dahinter Wilhelm II., Graf Bentinck und der Bräutigam Sigurd von Ilsemann.

waren rechtzeitig entdeckt worden. Zu seinem Geburtstag am 27. Januar ging es ihm besser. Auguste Victoria hatte einen kleinen Tisch gerichtet und ihm eine Uhr mit einem besonderen Schlagwerk geschenkt. Pastor Weiß hielt den Gottesdienst. Die Geburtstagspost hatte man 1919 noch nicht gezählt. Aber im Jahr darauf erreichten 6.000 Briefe und etwa 1.000 Telegramme den ehemaligen Kaiser. Zu ihrem 61. Geburtstag am 22. Oktober 1919 hatte Auguste Victoria statt Blumengaben um Geld für die Berliner Kinder gebeten. Sie konnte 3.000 Mark überweisen. Der Kaiser schenkte ihr einen Heliodor in Sonnenform mit Brillanten. Auch ihre Gothaer Jugendfreundin Elisabeth gedachte ihrer mit einem bemalten Lampenschirm. Aus allen sozialen Schichten trafen Geburtstagsgrüße ein. Mit einem Kollektivbrief bedankte sie sich für die Segenswünsche ihrer früheren Potsdamer und Berliner Angestellten: „Die Gratulation zum 22. Oct unserer treuen Dienerschaft hat mich tief gerührt u. danke ich von ganzem Herzen für die Wünsche, die uns hierher in die Fremde gefolgt sind. Der Kaiser & ich werden nie vergessen, was Sie Alle in treuer Pflichterfüllung, durch die lange Reihe von Jahren geleistet haben. Die Verhältnisse haben es leider mit sich gebracht, daß ich nicht wie sonst diesen Tag im Vaterland, in Ihrer Mitte verleben kann. Seien Sie Alle versichert, daß meine Gebete zu Ihnen in die Heimat gehen, ganz besonders an diesem Tag. A. Victoria I.R." Sie jammerte und klagte nicht, sie stellte einfach fest und beschäftigte sich mit dem, was ihr geblieben und noch möglich war. Denn trotz der emotionalen Belastungen fühlt sie sich 1919 eigentlich einigermaßen wohl. Im Juli begann sie wieder, sich täglich im Garten mit

Rosenschneiden und Beerenpflücken zu beschäftigen, wie vorher in Bad Homburg oder Potsdam.

Beim Einleben in die neue Situation halfen ihr die bereits wenige Monate nach dem Zusammenbruch möglichen persönlichen Kontakte zu den Kindern. Der Kronprinz hatte sich ebenfalls ins niederländische Exil begeben. Ihm war die Insel Wieringen als Internierungssort zugewiesen worden. Mit Erlaubnis der Regierung durfte er für einen Tag die Insel verlassen und sich mit der Mutter auf dem Gut des Barons Wrangel bei Amersfoort treffen. Während des ausgedehnten Spaziergangs durch den Park konnten sich beide erstmals die Erlebnisse des letzten halben Jahres von der Seele reden. Der Sohn hatte sich immer von der Mutter verstanden gefühlt. Mit dem Vater gab es Spannungen. Der Sohn agierte ihm zu spontan und unüberlegt, ohne vorher die Folgen zu bedenken und die Erlaubnis des Vaters einzuholen. Auch der Übertritt in die Niederlande war ohne Konsultation des Vaters erfolgt. Ausgesprochen empört reagierte der Vater auf das Telegramm seines Sohnes an die Entente. In diesem bot er sich statt des Vaters zur Auslieferung an, wenn dafür auf die Auslieferung der 900 anderen Deutschen verzichtet würde. Der Vater informierte umgehend die niederländische Regierung, das Telegramm sei ohne sein Wissen versandt worden; er verbiete dem Sohn, sich der Entente zu stellen. Die Mutter aber verteidigte den Sohn und lobte seinen Mut und seine Selbstlosigkeit. Von der Mutter erwartete er Verständnis, Rat und Trost – hinsichtlich seines trostlosen Internierungsortes, wegen des Verlustes seines Berufs als Thronfolger, der Trennung von seiner Familie, seiner allenfalls noch kameradschaftlichen Ehe und wegen seiner finanziellen Lage. Die Mutter fand nach dem Treffen einen Weg, die materielle Lage des Sohnes zu verbessern. Als der Adjutant ihres Mannes, Sigurd von Ilsemann, im September den Sohn in Wieringen besuchte, gab sie ihm gut verpackt Perlen des eigenen Schmucks mit. Der Sohn sollte diese versetzen oder verkaufen, um sich mit dem Nötigsten zu versorgen.

Auch die übrigen Söhne suchten die Eltern in Amerongen auf. Sie kamen aus Sorge um den Gesundheitszustand der Mutter und wegen der Forderung der Siegermächte, den Vater auszuliefern. Sie kamen auch, um die Eltern über ihre eigene Lage zu beruhigen, aber vor allem wegen der eigenen psychischen Nöte. Eitel Friedrich wollte sich von den Eltern verabschieden. Er fürchtete, auf der Auslieferungsliste zu stehen. August Wilhelm, „Auwi“, informierte über den trostlosen Zustand seiner Ehe und die anstehende Scheidung. Wesentlich später als die Brüder durfte Viktoria Luise im März 1920 erstmals nach Amerongen reisen. Von allen Kindern am unbeschwertesten lebte die Tochter mit ihrer Familie wohlbehalten in der Villa Weingarten im österreichischen Gmunden. Das hatten die Schwiegereltern nach der Einverleibung des ehemaligen Königreichs Hannover durch Preußen als Exilort gewählt. Viktoria Luises Familie zog nach dem Verlust des Herzogtums Braunschweig-Lüneburg nach Gmunden. Die Eltern empfingen die Tochter mit besonderer Freude. Ihr sprach man das Temperament des Vaters, der sie als das reinste Quecksilber bezeichnete, zu. „Sie macht einen recht frischen Eindruck, ist keine Schönheit, aber ein natürlicher und liebenswürdiger Mensch, gemessen an den Brüdern klein [...] und hat doch die strahlend blauen Augen ihres Vaters. [...] sie erreicht so ziemlich alles beim Kaiser, was sie will, charakterlich gleicht sie ihm auffallend", hielt der Leibarzt Dr. Haehner seinen ersten Eindruck fest. Ihre Besuche resultierten zunächst aus Kindespflicht und Liebe zu den Eltern. Die Mutter fühlte sich durch die Anwesenheit der Tochter belebt und erholt; sie besaß in der Tochter auch eine Gesprächspartnerin für ihre Ängste und Sorgen. Die Lebhaftigkeit und wohl auch der leichtere Umgang mit Problemen entlasteten die Mutter. Der Arzt wie der Vater registrierten die heilsame und belebende Wirkung der Anwesenheit der Kinder auf die Mutter.

Auguste Victoria nahm auch ihre soziale Hilfstätigkeit wieder auf. Jedoch bediente sie sich dazu vermittelnder Helfer wie Pastor Weiß und seine Frau Gertrud. Seit 1919 bestand zu dem Ehepaar Weiß Kontakt. Pastor Weiß war der auf Malta geborene Sohn eines Schweizer Missionars. Nach seinem Dienst als Missionar der Herrnhuter Brüdergemeine auf Surinam arbeitete er seit 1908 als Missionssekretär im niederländischen Zeist. Namens der Brüdergemeine hatte er 1918 dem entwurzelten Kaiserpaar den Christbaum geschickt. Pastor Weiß wurde nach Amerongen eingeladen, um bei Bedarf gottesdienstliche und seelsorgerliche Aufgaben zu übernehmen. Die Einfachheit und Natürlichkeit des früheren Missionars gefiel Auguste Victoria und Wilhelm außerordentlich. Er wurde zum Essen eingeladen und zum Trösten gerufen, wenn Trost notwendig erschien. Seine vorgesetzte Behörde, die Deutsche Unitätsdirektion (D.U.D.) in Herrnhut schien über den engen Kontakt nicht glücklich zu sein. Weiß rechtfertigte sich 1920: „Meine bisherige Stellung in Amerongen. Der Dienst, welcher in dieser Zeit von der Brüdergemeine aus in Amerongen geleistet wurde, steht nirgends auf unserem Programm. Die Verhältnisse brachten es so mit sich, daß ich in ein besonderes Verhältnis zur Schlossgemeinde in Amerongen trat. Weniger besondere Rednergabe ist Ursache gewesen, daß ich bereits 20 Mal dort dienen durfte, als der Umstand, daß ich Zeuge des schwersten und tiefsten Leides gewesen bin. Man hat sich nun einmal an mich gewöhnt und es ist bekannt, wie ungern, vor allem die Kaiserin, mit ihren Seelsorgern wechselt. [...] Die Möglichkeit, daß ich nach Haarlem versetzt werden könnte, habe ich General von Gontard mitgeteilt. Er fragte sofort, ob ich auch von Haarlem aus Dienst tun würde. Ich habe ihm geantwortet, ich würde es D.U.D. mitteilen. Meine Bitte an D.U.D. ist, für den Fall, daß ich nach Haarlem versetzt werden sollte, die Predigtdienste, welche etwa von Haarlem aus in Amerongen gehalten werden sollten, stillschweigend zu sanctionieren. Es ist dies ein Dienst, den die Brüdergemeine der schwergeprüften Kaiserfamilie erweist [...]. Es handelt sich übrigens gar nicht nur um Predigtdienste, sondern auch um eine ausgebreitete Correspondenz."

Für Auguste Victoria war Pastor Weiß nicht nur der einfühlsame und immer verfügbare Seelsorger, sondern zusammen mit seiner Frau eine von der niederländischen Postzensur nicht erreichbare Brücke zur Außenwelt. Beide vermittelten Briefkontakte und berichteten ihr, was nicht in den Zeitungen gestanden hatte, die sie erhielt, beispielsweise: „Am 11. Juni war ich bei der Ausschiffung der deutschen Kriegsgefangenen aus DeutschSüdWestAfrika zugegen. Wer das Elend gesehen hat, vergisst es nie wieder. Für 370 Frauen und Kinder waren nur 220 Betten vorhanden. Ein Kind starb auf der Reise. Mit diesen Gefangenentransporten kamen auch vier Waisenkinder an von 11, 8, 5 und 3 Jahren. Man hat sie in Utrecht behalten, da sie niemand mehr haben. Sie sollen selbst ihren Namen nicht mehr wissen. Die Mutter soll vergiftet worden sein durch eine Hottentottenfrau. [...] Der Vater war Bahnbeamter in DeutschOstAfrika. Man sucht nun ein Heim für sie zu finden."

Solche Berichte spornten die Kaiserin zur Hilfe für andere an. Jetzt aber ging es nicht mehr um spontane Hilfe in akuter Not; vielmehr wurden vorher deutsche Gesinnung und Anständigkeit neben der Bedürftigkeit geprüft: Ein Bittgesuch wurde abschlägig beschieden, da der Hauptlehrer der christlichen Schule die Bedürftigkeit verneint und den Bittsteller als mehrfachen Lügner beschrieben hatte. Eine junge Frau erhielt die notwendige Säuglingsausstattung: „Der Mann hat den ganzen Krieg mitgemacht und gehört auf jeden Fall zu den Kaisertreuen, denn die Leute hätten [...] die Bilder von Kaiser und Kronprinz sowie Gruppenbilder aus dem Krieg [...] an der Wand hängen", teilte Frau Weiß mit. Sie kaufte im Auftrag der Kaiserin die Säuglingswäsche und überbrachte diese. „Die junge Frau brach in Tränen aus bei dem Anblick all der niedlichen Sachen. Sie versprach mir so wenig wie möglich darüber zu reden." Auch deshalb erfolgte vorher die „Gesinnungsprüfung". Denn Bedingung für jede der vielfältigen Hilfen war, dass die Empfänger nicht darüber sprachen. Angesichts der Zusagen an die niederländische Regierung waren Vorsichtsmaßnahmen einzuhalten, um überhaupt einigen wenigen Menschen dringend Benötigtes zukommen lassen zu können.

Über das Ehepaar Weiß lief auch ein Teil der Geschenke und der Post, die in großer Zahl von den unterschiedlichen Menschen an Auguste Victoria geschickt wurde. Ein besonderes Geschenk zu ihrem Geburtstag war das Rezept für einen echten schlesischen Streuselkuchen. Nach diesem Rezept wurden in Zeist zwei Backproben hergestellt. Den gelungenen Kuchen überbrachten die Weiß-Kinder der Kaiserin. Auch Bittgesuche gelangten nach Amerongen, bescheidene und unangemessene. So erbat eine Gymnasiastin aus Hamborn ein Klavier. Das Anliegen begründete sie mit dem Krankenhausaufenthalt des Vaters: „Er hat auf der Zeche in der Grube einen schweren Unfall bekommen. Deshalb können mir meine Eltern kein Piano

Auguste Victorias Salon.

kaufen. Dürfte ich wohl die liebe Kaiserin um ein Piano bitten? Es kann ja ein älteres sein, wenn ich nur spielen könnte. [...] Ich bin 9 Jahre und möchte gern spielen lernen, damit ich später was verdienen kann." Viele Menschen schrieben aus Dankbarkeit für eine früher empfangene Wohltat, einen Besuch der Kaiserin am Bett des verwundeten Vaters, eine freundliche Frage bei der Besichtigung ihrer Schule oder Arbeitsstätte oder einfach aus Mitleid. Leider wurde diese Anteilnahme von der kaiserlichen Familie und ihrer Umgebung als Wunsch nach einer Wiedereinsetzung der Monarchie missdeutet. Natürlich trafen auch solche Schreiben ein, die die Rückkehr zu alten Zeiten wünschten. Die meisten galten jedoch der Person und nicht der Institution.

Als Pastor Weiß im Juni 1922 plötzlich verstarb, kondolierte Wilhelm unverzüglich: „Ich teile aufrichtig Ihren Schmerz um den jähen Heimgang Ihres von mir hochgeschätzten Gatten. [...] In den schweren kummervollen Jahren, die wir hier verlebt haben, ist Ihr Mann Ihrer Majestät der Kaiserin und mir nahegetreten. Seine Treue hat uns wohlgetan. Seine tiefe schlichte Frömmigkeit hat uns Trost gegeben im Leide."

Am 21. August 1919 hatte Wilhelm Haus und Park Doorn gekauft. Dazu trug das preußische Finanzministerium durch Freigabe eines Teils des beschlagnahmten Privateigentums bei. Die notwendigen Renovierungen und Umbauten berücksichtigten besonders die Bedürfnisse der Kaiserin. Für sie baute man eine Art Treppenlift ein und einen Balkon an ihr Schreibzimmer, damit sie auch vom Rollstuhl aus den Park sehen konnte.

Auguste Victoria besichtigte die Baumaßnahmen vier Wochen vor dem Umzug; das Kaiserpaar unternahm eine Autofahrt durch das gesamte Gebiet, in dem sich Wilhelm bewegen durfte. Nach 18-monatiger Gastfreundschaft in Amerongen freute sie sich auf ihr eigenes Heim, das Wiedersehen mit Bildern und Möbeln, die an glückliche Zeiten erinnerten. Mit 62 Möbelwagen war der eigene Hausrat aus dem Neuen Palais, dem Berliner Schloss und dem Schloss Bellevue nach Doorn gebracht worden. Am Samstag, dem 15. Mai 1920, konnten sie bei schönstem Frühlingswetter in das neue Haus einziehen. Die Eingangshalle glich einem Blütenmeer. Dort hatte sich das Personal versammelt. General Gontard übte die Funktionen von Hofmarschall und Personalchef aus; er hatte die Diener in Uniformen des 1. Garderegiments zu Fuß mit ihren historischen Blechmützen zu beiden Seiten der Treppe aufstellen lassen. Als das Kaiserpaar die Treppe hinaufging, salutierten sie. Das Paar besichtigte seine mit Altvertrautem eingerichteten Räume. Jeder besaß ein persönliches Tagesschlafzimmer, ein Badezimmer und ein Schreib- bzw. Arbeitszimmer, dazu das gemeinsame Schlafzimmer und das Frühstückszimmer. Nach dem Einzug häuften sich Glückwünsche und Geschenke aus Deutschland. Schleswig-Holstein gratulierte mit Rosenstöcken, Brandenburg mit Flieder- und Goldregenbüschen. Westfalen schickte als Zeichen der Westfalentreue junge Eichenstämme und Pommern sandte Hühner zur Einrichtung eines Hühnerstalls. Diesem blieb jedoch die Genehmigung versagt.

Im neuen Heim wurde eigentlich das bisherige Exilleben weitergeführt. Die Morgenandachten hielt jetzt der Kaiser. Er übernahm auch die Sonntagspredigt, wenn kein Pfarrer erreichbar war. Bei jedem Wetter wurde wochentags entweder im Garten oder auf dem Holzplatz gearbeitet. Das auf Meterlänge geschnittene Holz wurde in Doorn zu Brennholz zerkleinert. Zusammen mit einem Lebensmittelpaket verschenkte man es zu Weihnachten und zu Kaisers Geburtstag an die Armen von Doorn. Wenn es ihre Gesundheit erlaubte, fuhr Auguste Victoria mit ihrem Ponywagen durch den Garten, manchmal bis zum Holzplatz zu ihrem Ehemann. Pünktlich um 13 Uhr nahm das Kaiserpaar das Mittagessen in den Räumen der Kaiserin ein. Die preußisch-einfachen Mahlzeiten bestanden aus Fisch, wenig Fleisch sowie Gemüse und Obst. Auf Alkohol wurde verzichtet. Auch als seine Frau nur noch Krankenkost essen durfte, hielt der Kaiser zunächst an der gemeinsamen Mahlzeit fest, selbst wenn das manchmal Überwindung kostete.

Freude und Abwechslung in den Tageslauf brachten die Besuche der Kinder, von Freunden und Verwandten. Wilhelms Geschwister Heimrich und Margarethe kamen häufig, Auguste Victorias Geschwister nie. Der Bruder bemühte sich, seine jetzt wieder zu Dänemark gehörenden Besitzungen Gravenstein, Sonderburg und Augustenburg zu einem möglichst guten Preis an den dänischen Staat zu verkaufen. Da wären Besuche bei der Schwester politisch nicht opportun gewesen. Luise Sophie gönnte Schwester und Schwager ihr Schicksal und bemühte sich für ihren konfiszierten Besitz um eine eigenständige Abfindung durch den preußischen Staat. Calma wollte die Reise sehr gern auf sich nehmen. Aber ihre Familie wie der Kaiser rieten davon ab. Sie fürchteten, die Aufregung für beide Schwestern könne der Gesundheit schaden. So blieb ihnen nur der kontinuierliche Briefwechsel.

In Doorn besuchte auch der jüngste Sohn Joachim seine Eltern. Der Vater erwartete den angekündigten Besuch wegen des Zustandes der Mutter mit Sorge. Durch den Weihnachtsbesuch des Kronprinzen war er über die unerquicklichen Lebensumstände und die ehelichen Verhältnisse des Sohnes informiert. Er hatte befürchtet, sein Sohn habe sich am Kapp-Putsch beteiligt. Denn nach dessen Niederschlagung ließ er sich völlig gehen und frönte in Lugano dem Glücksspiel. Der Vater verschwieg der Mutter auch, dass Joachim immer versuchte, der Mutter die Schuld am Misserfolg seiner Ehe zu geben. Seine Neigung zu Jähzorn und Gewalttätigkeit waren bekannt. Im Juni kam er nach Doorn, um mit den Eltern seine private und berufliche Situation zu erörtern. Die unguten Vorahnungen bewahrheiteten sich während seiner Anwesenheit. Zunächst soll der Kronprinz den Bruder aufgefordert haben, sich endlich um die Bewirtschaftung seines Gutes Bornstedt zu kümmern. Danach geriet er mit seinem Vater furchtbar aneinander; schließlich versprach er, eine Ausbildung in der Landwirtschaft zu beginnen.

Hausminister von Berg urteilte über Joachim: „Wenn man mit ihm zusammen ist, glaubt man stets, was für ein famoser Mensch er doch sein muß; er kann recht klug und überzeugend reden, sieht alles ein, wenn man ihm einmal Vorhaltungen macht und zeigt sich dann auch immer voll guten Willens zur Besserung." Der Leibarzt Dr. Haehner lernte ihn erst jetzt kennen und gewann einen anderen Eindruck. Er zeigte sich über Joachim verwundert: „Mit mir sprach Joachim in dieser Zeit auch über seine Ehe und zwar vollkommen ungeniert, man könnte fast sagen zynisch offen." An den Schwierigkeiten wähnte er sich schuldlos. Da Joachim als beratungsresistent galt, durfte er sein Gefühlsleben nicht vor der Mutter ausbreiten. Trotz aller Abschirmungsversuche fand er offenbar doch einen Weg, seine Mutter zu informieren. Denn am Tag nach seiner Ankunft schrieb sie der Schwester ganz im Stil seiner Argumentation und im Sinne der Pläne, die Joachim für seinen kleinen Sohn getroffen hatte: „Seine Frau wolle nicht zu ihm zurück, also habe er keine Veranlassung, ihr nachzutrauern, obgleich sie sehr krank sei. [...] Es soll ein liebenswürdiges Kind sein. Ich freue mich schon darauf, u. da Joachim dann wahrscheinlich Landwirtschaft betreiben wird, nehme ich ihm das Kind nicht weg. Ich glaube es wird hier nicht langweilig werden, er soll mit s. 3 ½ Jahren sehr verständig sein und so komisch daß J. immer lachen kann."

Joachims Tod am 18. Juli traf die Mutter unvorbereitet. Ihren Schmerz teilte sie am 29. Juli der Schwester mit: „Mein Kind! Wie soll ich Worte finden, um Dir zu sagen, was mein Herz bei dieser Nachricht erfüllt. Man denkt immer man kann es nicht überleben, denn man wurde ja ganz wie aus Wolken gerissen. Seit seinem Besuch hier bei mir hatte ich keinen Brief. [...] Wie

W. am Montag früh mit Tränen überströmt bei mir eintrat, da wußte ich es, es muß etwas Entsetzliches geschehen sein! [...] Oh mein Kind [...]! Er ist mein Jüngster! [...] In der Nacht von Sonnabend zu Sonntag sind es 14 Tage, daß er die Augen schloß. Sein armer süßer Junge! – wahrscheinlich wird Oscar ihn übernehmen u. ich später dann oder Besuch. Stets Deine V."

Die Selbsttötung ihres Sorgensohnes wirkte sich nicht abträglich auf den Verlauf der Krankheit aus. Zum Todeszeitpunkt konnte Auguste Victoria ihre Räume im ersten Stock des Hauses nicht verlassen. Nur ausgewählte Zeitungen legte man ihr vor. Von dem Bericht Eitel Friedrichs über das Ableben des Bruders erhielt sie eine bereinigte Fassung. Nach dieser wurde der Tod beim Reinigen einer Pistole herbeigeführt. Das nahm sie als Gottes Ratschluss hin. Ihre Sorge galt dem Enkel. Karl Franz Joseph, „Schnipsi" gerufen, besuchte die Großeltern im September, wie es mit Joachim vereinbart worden war. Auguste Victoria spielte mit dem Gedanken, den Enkel künftig bei sich zu behalten, wenn es ihr gesundheitlich wieder besser gehen sollte. Sowohl nach dem Bericht des Arztes als auch nach dem Brief der Hofdame an die Schwester brachte der Besuch des Enkels eine fast wundersame körperliche Besserung: „Meine Herrin geht jetzt mehr, ganz schnellen Schrittes, auch draußen, und ist überhaupt so rege und frisch, wie lange nicht. Die Freude am kleinen „Schnips" ist groß, er ist auch so niedlich und artig, und wie freut man sich, daß die Herrin es Alles so genießt, sein Spielen, Lachen, zu-Bett-gehen usw. [...] Es fängt schon an herbstlich zu werden, aber einzelne schöne Sonnentage dazwischen, die die Herrin von 10 Uhr bis ½ 1 u. dann von ½ 3 – ½ 7 draußen verbrachten."

Es war ein mühsames Sterben, die Folge eines immer schwächer werdenden Herzens und, von Erholungsphasen unterbrochen, ein ständiger Wechsel zwischen Hoffen und Bangen. Während Lebenskraft und Pflichtgefühl Phasen der Entspannung bewirkten, führten die ererbte Disposition zur Herzschwäche und die einsetzende Arterienverkalkung die Kaiserin mehrmals an die Schwelle zum Tod.

Auguste Victoria und Wilhelm wussten mit der Krankheit nicht recht umzugehen und verdrängten aus Rücksicht auf den Partner die Realität. Sie überforderte sich in dem Bemühen, ihm die gesunde Frau vorzuleben und ihm beistehen zu wollen. Denn sie meinte, für ihn sei das Exil wesentlich schlimmer als für sie. Sie bemühte sich, alles ihn zusätzlich Belastende von ihm fernzuhalten, also auch ihr eigenes Leiden. Und er spielte das Täuschungsspiel mit, sie nach ihrem Wunsch wie eine Gesunde zu behandeln. Bei Spaziergängen legte er zum Beispiel einen zügigen Schritt vor und versagte ihr die eigentlich angebrachte Rücksichtnahme. Die Umgebung kreidete ihm das als rücksichtslosen Egoismus an. Doch der Arzt sah tiefer: „In das Verhältnis des Kaisers zu der Kaiserin ist nicht leicht genauer Einblick zu gewinnen. So oft hatte ich die Empfindung, daß ihm das Leiden seiner Frau sehr nahe ging, daß er im Herzen tief Anteil nähme und nur nach außen seine Empfindung verstecke", notierte er im November 1920 in seinem Tagebuch.

An ihrem 62. Geburtstag begann die sechsmonatige Leidenszeit. Beim Frühstück erlitt sie einen Schwächeanfall. Der Arzt fand sie erschreckend blass und in halber Ohnmacht auf ihrer Chaiselongue liegend, doch fertig angekleidet und mit dem Hut auf dem Kopf. Seinem Zureden, sich wieder ins Bett zu legen, widersetzte sie sich. „Sie wollte unter allen Umständen zur Morgenandacht herunterkommen, sie wollte dem Kaiser nicht die Freude verderben, daß sie an seiner Morgenandacht gerade an diesem Morgen teilgenommen habe!" Der Arzt erreichte schließlich, dass sie sich hinunter tragen ließ. „Es war ein recht trauriges Bild, als die schwerkranke Frau blaß wie ein Leichentuch die Treppe herunter in die Halle getragen wurde. Mit Mühe nur hielt sie sich aufrecht, aber in voller Wahrung ihrer Haltung. Sofort nach Ende der Andacht ließ sie sich wieder nach oben tragen, winkte nun von ihrem Tragstuhl allen noch einmal zu. [...] Es war das letzte Mal, daß die lebende Kaiserin unten war. Von der Umgebung haben sie seit dem Tage nur noch ihre beiden Damen und die Kammerfrauen gesehen", schrieb Dr. Haehner in sein Tagebuch.

An dem eigentlichen Geburtstagsgottesdienst konnte sie nicht mehr teilnehmen. Der Kaiser hatte dafür ihre Lieblingslieder ausgewählt: „Großer Gott, wir loben dich! Herr wir preisen deine Stärke"; vier Strophen von „Jesu, geh voran" bis zu „Ordne unsern Gang, Jesu lebenslang, führst du uns durch raue Wege, gib uns auch die nötge Pflege; tu uns nach dem Lauf deine Türe auf", und natürlich „So nimm denn meine Hände und führe mich bis an mein selig Ende und ewiglich". Unter dem Eindruck der leidenden Kaiserin bekamen die Liedertexte einen aktuellen und für die Anwesenden schmerzlichen Sinn. Damit begann das eigentliche Siechtum Auguste Victorias. Die nächsten Monate bestanden aus einem dauernden Abschiednehmen. Der Tod schien unmittelbar bevorzustehen und trat doch nicht ein. Die abnehmende körperliche und geistige Kraft so hautnah miterleben zu müssen, bedeutete für Ehemann und Kinder nicht nur wegen der langen Dauer eine ungewohnte Belastung.

Am Nachmittag des 29. November nahm sie von allen Abschied. Der Kaiser war sehr ergriffen. Die Kaiserin war sehr zärtlich zu ihm. Wilhelm und Sohn Adalbert saßen am Bett, Victoria Luise hielt sich im Hintergrund. Oscar blieb an der Tür stehen; wegen des von ihm ausströmenden Tabakdufts wagte er nicht einzutreten. Die Kaiserin bekam Sekt. Danach trat eine leichte Besserung ein. Am Heiligabend wurde die Lage erneut lebensbedrohend. Wilhelm saß bei seiner Frau. „Er war recht niedergedrückt und traurig, keines der Kinder [...] war bei ihm, er war ganz allein mit der kranken Kaiserin. Ein Bäumchen [...] war ihm ins Zimmer gestellt. Das war das einzige, was ihn [...] in diesem Jahr an den Weihnachtstag erinnerte", beobachtete der Arzt.

Man ging an die Vorbereitung der Beisetzung; die Verwandtschaft wurde benachrichtigt. Calma erwog, sofort nach Doorn zu fahren. Sohn und Schwiegertochter rieten offenbar davon ab, wenn man den Brief der Schwiegertochter vom 17. Dezember 1920 recht interpretiert: „Wir fahren öfters hinüber, da die arme Tante Calma, die vorher schon sehr elend war, jetzt in einem derartigen Nervenzustand ist wegen der Krankheit der Kaiserin, daß man versuchen muß, sie etwas aufzumuntern, und da hilft ihr die kleine Abwechslung, wenn wir manchmal hinkommen. Sie liebt ja ihre Schwester über alles, sie sind sich gegenseitig noch näher als ich gedacht hätte, und nun kann sie gar nicht darüber hinwegkommen, daß die arme Tante bald sterben könnte, da doch keine Hoffnung auf wirklich dauernde Besserung mehr ist. Für Tante Calma kam nun noch allerhand hinzu, ein dauerndes hin und her, ob sie hinfahren solle oder daß es schädlich sein würde usw. [...] Es ist festgesetzt, daß die Beisetzung in Potsdam sein soll, ich weiß aber nicht, ob schon weiter darüber gesprochen werden soll." Aus falscher Rücksicht oder aus Opportunismus haben beide Familien verhindert, dass sich die Schwestern noch ein letztes Mal sehen konnten. Beide hatten es sich so sehr gewünscht.

Auguste Victoria erlebte auch noch ihren 40. Hochzeitstag am 27. Februar 1921. Pastor Weiß hielt den Festgottesdienst. Ihr Stuhl neben dem Kaiser blieb leer. Auf Orgelspiel oder Gemeindegesang wurde verzichtet. Stattdessen betete Pastor Weiß auf Wunsch des Kaisers das Lied: „Jesus, geh voran". Auguste Victoria fühlte die Bedeutung des Tages, sie war frisch und ließ sich nach langer Zeit erstmals wieder ihren Schmuck geben. Doch musste die Familie ihren Ehrentag ohne sie verbringen.

In der Frühe des Gründonnerstags reichte Pastor Weiß bei Kerzenlicht dem Ehepaar das Abendmahl. Am Ostersonntag verschlimmerte sich das Leiden. Ehemann und Kindern fehlte die Routine, mit verlöschenden und nicht mehr kontrollierbaren Lebensäußerungen umzugehen. Sie flüchteten sich in hilflose Gesten. Dabei fehlte es bei allem Mitleiden nicht an Situationskomik. Die ehemals kaiserliche Familie verlor alles Heldenhaft-Heroische und handelte nur noch menschlich, ja allzumenschlich. Alle mussten erleben, dass auch eine Kaiserin wie ein gewöhnlicher Mensch leiden und verwirrt sein durfte, dass auch für Fürsten nicht nur solche Krankheiten reserviert sind, die niemals Schönheit und Majestät verschwinden lassen. Wilhelm reagierte seine innerliche Erregung durch Schimpfen ab. Für das Betreten des Krankenzimmers hatte er sich ein besonderes Ritual ausgedacht. Es sollte seiner Frau Optimismus und Fröhlichkeit vermitteln, aber wohl primär seine Nervosität verbergen. Als die Gespräche mit ihr an Mühsamkeit zunahmen und er nicht wusste, wie er der weinerlichen Stimmung der Kranken begegnen sollte, bewaffnete er sich immer mit einem Andachtsbuch. Aus dem las er ihr vor. Dabei schlief sie regelmäßig ein. Das war ihm sichtlich nicht unwill-

Beerdigung Auguste Victorias in Potsdam, 1921.

kommen. Nach der Beobachtung des Arztes machten sich die Kinder über die Angewohnheit des Vaters lustig.

Der erlösende Tod kam am 11. April 1921. Beim morgendlichen Umbetten um 5 Uhr stöhnte sie leise. Nach dem Umbetten fragte die Kammerfrau, ob sie jetzt ein behagliches Gefühl habe. Sie öffnete die Augen ein wenig und lächelte. Dann war der Puls kaum mehr zu fühlen; der Kaiser wurde geholt, kurz darauf – 6.15 Uhr – hörte das Herz auf zu schlagen. Der Tod erfolgte ganz sanft, im Schlafen. Für Wilhelm war es tröstlich, dass Auguste Victoria so sanft von ihrem langen Leiden erlöst wurde. In seinen „Erinnerungen" stellte er fest: „Der Kaiserin hat der Umsturz das Herz gebrochen. Sie alterte vom November 1918 zusehends und konnte dem körperlichen Leiden nicht mehr die frühere Widerstandskraft entgegenstellen. So begann bald ihr Siechtum. Am schwersten trug sie das Heimweh nach der deutschen Erde, nach dem deutschen Volke. Trotzdem suchte sie noch mich zu trösten."

VIII. Trauer um die populäre Kaiserin

Obwohl er monatelang mit dem Tod seiner Frau hatte rechnen müssen, konnte ihn Wilhelm nicht fassen. Wenn er über sie sprach, wandte er sich ab; niemand sollte seine Tränen sehen. Er blieb lange in ihrem Zimmer und legte dort ein Kreuz aus Blumen nieder. Ihr Zimmer blieb unverändert und für andere unzugänglich. Wilhelm suchte es oft auf und setzte sich viele Stunden an ihr Bett, in seiner Vorstellung lebte sie weiter an seiner Seite. Er sah nicht gesund aus, sondern hatte die Gesichtsfarbe eines Karzinomkranken. Der Witwer mied den Umgang mit anderen und stand mit zunehmender Verbitterung in der Gefahr, menschenscheu zu werden. Als Lieblingsplatz wählte er eine Fensternische, von der aus er den Rhododendronbusch sehen konnte, in dessen Mitte eine Büste Auguste Victorias stand.

Auch außerhalb Doorns löste die Nachricht vom Tod Anteilnahme und häufig echte Trauer aus. Die Menschen strömten in die Kirchen. In Dresden, der Hauptstadt des „roten Sachsens“, musste der ehemalige Prinzenerzieher Johannes Kessler als Pfarrer der Lucasgemeinde drei Gedächtnisgottesdienste nacheinander halten, weil Menschenmassen die Kirche überfüllten und nicht weichen wollten. Die in Haarlem lebenden Deutschen baten Pastor Weiß um eine Gedächtnisfeier. Die Kirche war bis auf den letzten Platz gefüllt, wie auch bei dem Gottesdienst im Haag. In Bad Homburg läuteten am Todestag alle Glocken. Der sozialdemokratische preußische Kultusminister Konrad Haenisch hatte den Schulen offizielle Trauerfeiern und der Stadt die Halbmastbeflaggung untersagt. Das widersprach den Wünschen vieler Menschen. Deshalb ließ sich der Magistrat von der französischen Aufsichtsbehörde in Wiesbaden den Fahnenschmuck genehmigen, allerdings mit schwarz-rot-goldenen statt schwarz-weiß-roten Fahnen. So gedachten die Homburger der Kaiserin mit den Farben der Republik. In der Sitzung der Stadtverordneten bekundete der Vorsteher Dr. Rüdiger am nächsten Tag seine Trauer: So lange es Homburger gebe, würde der Kaiserin Auguste Victoria in Liebe gedacht werden. Nach Zeitungsberichten hatten die Vertreter der beiden sozialistischen Parteien zu Beginn seiner Rede die Sitzung verlassen. Der Schlossgärtner schickte einen Kranz nach Doorn. Er hatte ihn aus den Zweigen jener Libanonzeder geflochten, die die Kaiserin nach ihrer Orientreise 1899 im oberen Schlosshof hatte einpflanzen lassen. Die beigefügte Kondolenzliste trug 2.389 Unterschriften Homburger Bürger. Mehrere tausend Bürger beteiligten sich an Gedenkveranstaltungen in der Erlöserkirche und vor dem Musikpavillon im Kurpark. Dort mahnte Pfarrer Füllkrug vorahnend: „Homburg, vergiß nie Deine Kaiserin.“

Bis in die kleinen Provinzstädte befasste sich die Presse je nach politischer Ausrichtung mehr oder weniger intensiv und positiv mit der Toten. Der „Oberurseler Bürgerfreund" überschrieb die Hauptspalte der ersten Seite mit: „Kaiserin Auguste Victoria tot", um dann zweispaltig über den vorgesehenen Ablauf der Beisetzung zu berichten und aus den Kommentaren anderer Blätter zu zitieren. Laut „Berliner Lokalanzeiger" werde die Todesnachricht „in unzähligen Herzen ein Gefühl der Wehmut und Ergriffenheit auslösen, ein Gefühl der Trauer um etwas, was uns Jahrzehnte lang nahe gestanden hat. Weit über das Grab hinaus wird das Gedächtnis der Kaiserin lebendig bleiben." Das Berliner „Tagblatt" sah auch in der demokratisch gesinnten Bevölkerung eine aufrichtige Teilnahme am Tod der ehemaligen deutschen Kaiserin wegen ihrer immerwährenden Sozialarbeit: „Man wird der Verstorbenen nachsagen dürfen, daß sie in ihrer Art und Natürlichkeit in dem durch ihre Erziehung und Weltanschauung gezogenen Schranken stets bemüht gewesen ist, ihrem Gatten beizustehen und Gutes zu tun." Die liberale „Vossische Zeitung" aus Berlin fasste die allgemeine Meinung wie folgt zusammen: „Wie man auch zur Monarchie und zum Niedergang des Hohenzollernhauses stehen mag: Dem Unglück dieser Gattin und Mutter wird niemand sein Mitgefühl versagen."

Auguste Victoria hatte sich bereits nach ihrem Schlaganfall im August 1918 mit ihrem möglichen Tod beschäftigt und gewünscht, in Potsdam beigesetzt zu werden. Sie entschied sich damit gegen Berlin, das sie nie gemocht hatte, und gegen die Gruft im Berliner Dom. Wilhelm veranlasste den Bau eines Mausoleums im Park von Sanssouci. Der Zusammenbruch verhinderte den Bau. Jetzt griff man auf den damals geäußerten Wunsch zurück. Auguste Victoria würde in der Nähe ihrer Kinder ihre letzte Ruhe finden. In Doorn und Berlin begannen die Vorarbeiten. Bereits am 22. Juli 1920, also unmittelbar nach dem Freitod des Prinzen Joachim, begannen die Verhandlungen mit der preußischen Regierung um die Freigabe des Antikentempels als Ruhestätte der königlichen Familie. Die preußische Regierung verzögerte eine Entscheidung. Deshalb erließ Wilhelm II. am 23. November einen „allerhöchsten Befehl" für seine Mitarbeiter. Darin legte er fest, dass bei der Trauerfeier in Doorn Hofprediger von Dryander, jedoch keine fremden Fürsten anwesend sein sollten. Den Sarg solle der später wegen Unterschlagung entlassene Hofrat Nitz nach Doorn bringen. Des Weiteren: „Die Überführung nach Potsdam erfolgt mit Sonderzug mit drei Wagen; Überführung nach Wildpark durch v. Spitzemberg; Trauerfeier im Antikentempel beim Neuen Palais bei Tageslicht. […] Alle Zeremonieanordnungen Trauerzug Wildpark zum Antikentempel und Trauerfeier durch Graf Platen u. v. Dommes. Alles soll zwar einfach, aber mit königlichen Ehren geschehen." Am 3. Dezember 1920 bestätigte Finanzminister Bachem die Herausgabe des Antikentempels an das Königshaus. Im Vertrag über die Vermögensauseinandersetzung zwischen dem preußischen Staat und den Mitgliedern des vormals regierenden

Königshauses vom 12. Oktober 1925 wurde die Zusage dann in Artikel 7 (2) festgeschrieben: „Der Staat überlässt dem vormals regierenden Königshause den im Park von Sanssouci beim Neuen Palais gelegenen Antiken Tempel nebst einem ihn unmittelbar umschließenden 10 m breiten Geländestreifen als Mausoleum zu superfiziarischen Rechten."

Große Schwierigkeiten ergaben sich bei der Vereinbarung über den zeitlichen Ablauf. Die in der Umbildung begriffene preußische Regierung befürchtete eine monarchistische Demonstration. Von 1919 bis 1921 war der christliche Gewerkschafter Adam Stegerwald Minister für Volkswohlfahrt und 1921 zugleich preußischer Ministerpräsident. Sein Versuch, eine Regierung mit den Partnern der Weimarer Koalition zu bilden, scheiterte am 21. April 1921. Man befürchtete für die nächsten Wahlen einen Rechtsruck wie im Reich. Denn dem Kapp-Putsch vom März 1920 folgten 1920/21 Aufstände der Arbeiter in Mitteldeutschland und an der Ruhr. Sie wurden von den gleichen Freikorps niedergeschlagen, die sich vorher am Kapp-Putsch beteiligt hatten. In der Reichstagswahl von 1920 hatten die antirepublikanische Deutsche Nationale Volkspartei und die Deutsche Volkspartei einen erheblichen Stimmenzuwachs erhalten. Das galt zwar als Votum gegen den Versailler Vertrag, brachte aber die Weimarer Koalition um ihre Mehrheit. In der neuen Minderheitsregierung war die SPD nicht mehr vertreten.

Der im Reich erfolgte Rechtsruck bewirkte ein konzilianteres Verhalten gegenüber den Wünschen des Kaiserhauses. Die preußische Regierung wollte die Ankunft des Zuges und Überführung des Leichnams nur in der Dunkelheit gestatten und auch dann nicht für den ungestörten Verlauf der Trauerfeier garantieren. Da entschied man in Doorn, die kaiserliche Weisung umzusetzen: „Wir werden nunmehr die Beisetzungsfeierlichkeiten in den Vormittagsstunden vornehmen und müssen es der Regierung überlassen uns den Schutz zu gewähren, auf den wir Anspruch zu haben glauben." Im Dezember 1920 erfuhr man in Berlin und Doorn von Gerüchten, dass einzelne Offizierskompanien ein geschlossenes Auftreten planten und damit die Gegner der Monarchie provozieren könnten. Deshalb bat Wilhelms Hausminister August von Eulenberg den für die Vorbereitung zuständigen Grafen von Platen, bei der vorbereitenden Planung alles zu vermeiden, was als Provokation angesehen werden könne. Anträge von geschlossenen Offizierskompanien unter einheitlichem Befehl wurden abgelehnt. Nur einzelnen Offizieren wurde die private Teilnahme gestattet. Die Kopie der Verfügung ging am 23. Dezember 1920 dem Polizeipräsidenten Hase zu. Gegenüber dem Reichsverkehrsminister betonte Platen am 12. Januar 1921 noch einmal, dass bei den Verantwortlichen niemals die Absicht bestanden habe, die Überführung mit einem Schaugepräge zu gestalten oder den traurigen Anlass zu einer Demonstration zu benutzen. Von Anfang an habe das Kaiserhaus eine einfache und würdige Gestaltung des Begräbnisses angestrebt. Deshalb erwarteten die Organisatoren von der Reichsregierung, dass der

Kaiserin nicht versagt werde, was jedem anderen Deutschen zugebilligt werden würde. Der Reichsverkehrsminister beteuerte nun umgehend: „Ein Beschluss der Reichs-Regierung, Ankunft des Transports und der Beisetzung werde nur in der Dunkelheit gestattet, ist niemals erfolgt.“ Man habe aus Vorsicht vor den radikalen Eisenbahnern noch einmal eine Besprechung angesetzt. „Nachdem durch die dem Reichskabinett zugegangene Mitteilung diese Gefahr beseitigt ist, betrachte ich vom Standpunkt meines Ressorts die Angelegenheit als erledigt.“ Jetzt begann die Feinplanung für die Heimholung Auguste Victorias zu ihrer letzten Ruhestätte.

In Doorn blieb den Betroffenen am Morgen des 11. April nur eine kurze Zeit der Besinnung, bevor sie sich den Erfordernissen zu stellen hatten. Ein Utrechter Pathologe wollte absprachegemäß die Konservierung des Leichnams vornehmen. Als Wilhelm II. hörte, dass dazu mindestes eine Teilsektion nötig sei, lehnte er jeden Eingriff ab. Die erste Aufbahrung erfolgte auf dem mit lila Schleiern überzogenen und mit Blumen geschmückten Sterbebett. In ihren Händen hielt sie blühende Rhododendronzweige. Zu beiden Seiten des Bettes standen die bereits eingetroffenen Kränze. Der des Kaisers bestand nur aus Teerosen zur Erinnerung an die ersten Blumen, die er seiner Frau zur Verlobung in Gotha geschenkt hatte. Gegen 15 Uhr durften das Gefolge und alle Angestellten im Sterbezimmer von der Toten Abschied nehmen. Der Kaiser stand am Bettrand. Er gab jedem Diener und jedem Hausmädchen die Hand. Am nächsten Tag pressten die Hofdamen Blumen vom Sterbelager zum Andenken für Verwandte.

Die eigentliche Trauer- und Aussegnungsfeier fand am Abend statt, zu der außer der Hausgemeinde nur wenige Gäste geladen waren, unter ihnen der Freund des Kaisers, Fürst Max Egon von Fürstenberg. Bei der Verabschiedung der ehemaligen Kaiserin und Königin aus dem Exil wurde das für preußische Königinnen übliche Zeremoniell gewählt. Als alle in der Halle versammelt waren, kamen die drei Söhne und der Schwiegersohn der Verstorbenen in den Uniformen ihrer früheren Regimenter die Treppe herunter und stellten sich als Ehrenwache an den Sarg. Der Kaiser in Feldgrau betrat mit seiner Tochter als Erster das Trauerzimmer. Nach der Liturgie „schritt der Kaiser aus der Menge heraus und kniete sich zur Seite des Sarges nieder, legte sein Haupt auf den Sarg und weilte so einige Minuten in stillem Gebet. Machte dies schon einen ergreifenden Eindruck, so erst recht der Moment, den man niemals vergessen wird, der geradezu erschütternd wirkte, als er, vom Gebet aufstehend, einen Schritt zum Kopfende des Sarges zutrat und einen langen Kuss auf den Sarg drückte. Als er zurückgetreten war, kamen die Träger. Mit der Melodie ‚Christus der ist mein Leben‘ verließ Auguste Victoria ihr letztes Heim.“ So beschrieb Dr. Haehner den Verlauf der Aussegnung. Die Familie rettete sich in die seit langem auch in anderen Häusern geübte monarchische Inszenierung. Das Ritual gestattete das große öffentliche Gefühl, hinter dem sich die eigene individuelle

Trauer verbergen und gleichzeitig die Würde bewahren ließ. Allein die letzte Verabschiedung Wilhelms von seiner Frau wich vom Regelhaften ab. Am 19. April hielt Pastor Weiß zur Stunde der Potsdamer Trauerfeier noch einmal eine Andacht für die Doorner Hausgemeinde. Er las das vom Kronprinzen für die Überführung der Mutter verfasste Gedicht vor:

Im alten Schlosspark von Sanssouci, dort rauschen die Wipfel ganz leise,
sie klagen die traurige Melodie von der Kaiserin Heimkehr-Reise. [...]
Dein armes Herz lass still es ruhn im Schatten uralter Bäume,
wir wollen unser Bestes tun und wünschen Dir heimische Träume.

Vor allem Victoria Luise hatte heftig gegen die Beisetzung der Mutter in Potsdam opponiert. Der Vater werde noch einsamer sein, wenn er nie das Grab der Mutter besuchen könne. Aber der Vater erfüllte den Wunsch seiner Frau und trennte sich erstmals nach mehr als vierzig Jahren unwiederbringlich von ihr.

Der Trauerzug verließ Maarn um 19.45 Uhr; 12.56 Uhr traf er in Emmerich und am Abend in Potsdam ein. Für jeden Haltepunkt auf deutschem Gebiet war ein etwa zehnminütiger Aufenthalt eingeplant. Dort standen jeweils hunderte von Menschen mit Blumen auf dem Bahnhof, um sich von der Toten zu verabschieden. Die Beisetzung hatte fast den Charakter eines Staatsbegräbnisses. Neben der großen Zahl von Kränzen und mehr als 10.000 Beileidsschreiben in Doorn warteten in Potsdam 1.833 Kränze und Blumengebinde auf die Tote. Vereine, Verbände, Pastoren, Lehrer, Gemeinde- und Volksschulen, der Arbeiterinnenverein Ostpreußen, bekannte und unbekannte Einzelpersonen hatten sie geschickt. Sie zeugten von der Zuneigung der unterschiedlichen Bevölkerungsgruppen wie auch von der noch beträchtlichen monarchischen Stimmung.

Über die Beisetzung in Potsdam sei hier aus dem Bericht des Korrespondenten der linksliberalen „Frankfurter Zeitung" vom 20. April 1921 zitiert, da diese nicht im Geruch der Hofberichterstattung stand: „An einem sonnigen, aber gleichwohl etwas kühlen Frühlingstage ist in Potsdam Deutschlands letzte Kaiserin zur Ruhe geleitet worden. Auch wenn der Staat, für den die Kaiserin nur noch eine Privatperson war, sich offiziell nicht an der Feier beteiligt hatte – sie hätte nicht prunkvoller und umfassender sein können, als sie sich dank der Teilnahme all der Tausende gestaltet hat, die monarchische Gesinnung, Teilnahme für ein tragisches Schicksal und allgemeine menschliche Anteilnahme heute in Potsdam vereinte. Es kann nicht überraschen, daß diese Teilnahme in der alten Residenz besonders stark zum Ausdruck kam und daß alle Kreise der Bevölkerung daran beteiligt waren, geht auch daraus hervor, daß unter den Kränzen, die der Toten gewidmet waren, auch solche mit roter Schleife waren, die von der Potsdamer Ortsgruppe der sozialdemokratischen Partei und einer sozialdemokratischen Gewerkschaft herrührten. Potsdam wußte die Riesenmenge derer, die heute herbeieilten, kaum zu fassen. Kaum ein Haus ohne Trauerfahne, kaum ein Mensch ohne Zeichen der äußeren Trauer. Schon in den frühen Morgenstunden begann der Aufmarsch der Vereine, die das Spalier für den Weg zu bilden hatten, den der Leichenwagen nehmen mußte. Dazu säumten Tausende von Zuschauern die Trauerstraße. Vor dem Bahnhof Wildpark entwickelte sich um 9.00 Uhr das wohlbekannte Bild höfischer Veranstaltungen. Generäle und andere Offiziere zu Hunderten fanden sich ein, unter ihnen Hindenburg, Ludendorff, Mackensen, dazu Beamte des Hofes in den bunten Uniformen, ehemalige Minister, Ritter des Schwarzen Adlerordens, Damen der Hofgesellschaft, Abordnungen russischer Offiziere, eine türkische Deputation. Dann fuhr der mit vier Rappen bespannte Leichenwagen vor und der Sarg wurde von Offizieren der früheren Regimenter der Kaiserin [...] aus dem Eisenbahnwagen, in dem er die Nacht über gestanden hatte, zum Leichenwagen getragen, nachdem Hofprediger Dryander ein kurzes Gebet gesprochen hatte. Dann setzte sich der Trauerzug in Bewegung."

Alle waren gekommen, die in naher Beziehung zu Auguste Victoria gestanden hatten, der König von Sachsen wie die Chefs der meisten deutschen Fürstenhäuser. Nur die beiden Schwestern der Kaiserin und ihre Ehemänner ließen sich durch die Söhne vertreten, Sophie Luise wegen ihrer Gegnerschaft zu Schwester und Schwager, und Calma, weil Sohn und Schwiegertochter ihr diese Gemütsbewegung „ersparen" wollten. Die Polizei sprach von mehr als 200.000 Teilnehmern in Potsdam. Dazu kamen die unzähligen Menschen bei den Trauerfeiern und an den Haltestellen des Sonderzuges. Es gibt in Deutschland kein anderes Beispiel für eine derart umfassende öffentliche Anteilnahme für eine Tote.

Trotz des zermürbend langen Siechtums hatte Wilhelm die Zeit nicht gereicht, sich an den Gedanken des Alleinseins zu gewöhnen. Er litt sehr unter dem Verlust seiner Frau. In Doorn fühlte er sich eingesperrt, suchte überall die Erinnerung, konnte ihr aber auch nicht ausweichen. „Sie wissen, was für mich diese Tage sind, denn Sie können beurteilen, was die Hohe Heimgegangene mir und den Meinen gewesen ist. Danach können Sie auch verstehen die ganze furchtbare Wucht des Schlages, der mich getroffen hat. Es ist noch unausdenkbar und das Gefühl der plötzlichen Verlassenheit tritt deutlich hervor und das Thor des Lebens hat sich hinter mir geschlossen. [...] Sie ist erlöst von unendlichem Schmerz und Leid! Sie hat vollendet. Das sollte uns aufrechterhalten!", schrieb Wilhelm der Gräfin Brockdorff, die 37 Jahre lang Oberhofmeisterin der Kaiserin gewesen war. Sie kannte das Kaiserpaar so gut, dass falsche Töne ihr gegenüber nicht angebracht waren, aber Wilhelms Neigung zu großer Emphase auch kein Befremden hervorrief. Ein Jahr später, obwohl er sich bereits an eine zweite Ehe zu denken gezwungen sah, war er mit dem Tod, der ihm „das Liebste auf Erden genommen", noch lange nicht ausgesöhnt: „Sie ist nicht mehr hier, sondern droben bei Ihm, der für uns gestorben und auferstanden ist. Sie hat es gut. Das vergangene Jahr war schwer und hat feurige Wunden geschlagen, die fühlbar bleiben, wenn sie auch vernarben. Ein Flor war über den Tag durch ihr Fehlen, die mir immer den ersten Glückwunsch brachte. Aber im Geist hat sie doch mit mir gefeiert", antwortete er auf den Glückwunsch der Gräfin zu seinem 63. Geburtstag und dem 41. Hochzeitstag.

Inzwischen trafen in Doorn immer mehr Frauen ein, die ihn trösten und sich des verwaisten Haushaltes annehmen wollten. „Meine liebe alte treue Freundin Frau von Rochow hat sich aufgemacht", teilte er der Gräfin mit, „um ein paar Tage bei uns hier in die Einsamkeit Trost und Aufmunterung zu bringen. [...] Jetzt kommt bald Fürstin Solms-Klitschdorf zu Besuch. Ich bewege mich nur unter Witwen und Großmüttern!" Die Damen erinnerten sich an Auguste Victorias Wunsch, Wilhelm möge sich nach ihrem Tod wieder verheiraten. Sie brachten ihm mündlich und schriftlich die rosigsten Berichte über die Aussichten für eine Restitution des Kaisertums in Deutschland, um sein Wohlwollen zu erringen. Nach dem trostlosen Weihnachtsfest 1921 erwog Wilhelm seit Januar 1922 eine zweite Ehe. Man riet ihm wegen der zu erwartenden Reaktion der Öffentlichkeit ab, den Schritt vor Ablauf von zwei Trauerjahren zu wagen. Auch Heinrich, der den Bruder häufig besuchte, fand eine Heirat notwendig und bekam als Antwort: „Ja, aber wen denn?" Diese Frage hatte Tochter Victoria Luise bereits für den Vater beantwortet. Sie favorisierte als künftige Ehefrau Elisabeth von Stolberg, die Witwe Johann Albrechts von Mecklenburg. Beide entschieden sich anders. Wilhelm wünschte sich eine Frau, mit der ihn gemeinsame Erinnerungen verbanden und die auch etwas für ihn tun und ihn überleben konnte. Er entschied sich sehr schnell für die verwitwete Hermine von Schönaich-Carolath (1887–1947), eine Mutter von fünf Kindern, sehr wohlhabend und gut 28 Jahre jünger als er. Ihr Ehemann, Prinz Johann Georg von Schönaich-Carolath, war 1920 nach dreizehn Ehejahren verstorben. Seitdem verwaltete sie bis zur Volljährigkeit des ältesten Sohnes die Güter in Schlesien. Den Anstoß zu ihrem Besuch in Doorn habe laut General von Dommes der Kronprinz gegeben. Beide kannten sich seit langer Zeit durch ihre benachbarten Güter. Zudem hatte Hermine nach dem Tod ihrer Eltern einige Jahre im Haus der Großtante, der Großherzogin Luise von Baden, gelebt. Der Wahrheitsgehalt der rührenden Geschichte, die Einladung des Kaisers sei die Antwort auf den Brief des neunjährigen Sohn Hermines, ist nicht nachprüfbar. Mutter und Sohn trafen am 9. Juni 1922 in Doorn ein. Bereits am 11. Juni machte ihr Wilhelm einen Heiratsantrag, den Hermine nach kurzer Bedenkzeit annahm. Die Verlobung vierzehn Monate nach Auguste Victorias Tod schien ihn selbst so zu erschrecken, dass er sie gegenüber einer Presseanfrage im September 1922 dementieren ließ. Damit handelte er sich den ersten großen Ärger mit seiner Braut ein: „Die Prinzeß schreibt mir in einem Ton, wie wohl ein Leutnant zu seinem Rekruten sprechen kann! Ein solches Schreiben habe ich in meinem ganzen Leben noch nicht erhalten! Sie sei in ihrer Ehre verletzt;

Kaisertochter Viktoria Luise.

ich wolle sie anscheinend abschütteln, davon könne aber keine Rede sein, das ließe sie sich einfach nicht gefallen! [...] Mit der gestrigen Post bekam ich sechs Briefe zugleich, die ersten 5 waren glühende Liebesbriefe, und dann kam dieser! Ich war wie vor den Kopf geschlagen!", soll er gegenüber seinem Adjutanten Ilsemann geäußert haben.

Am Sonntag, dem 5. November 1922, heiratete Wilhelm zum zweiten Male. Einen Tag vorher war die Braut mit einer ihrer drei Schwestern und deren Ehemann, dem Fürsten Stolberg-Rossla, der jüngsten Tochter Henriette und ihrem Personal in Doorn eingetroffen. Wilhelms Bruder Heinrich, die Söhne Wilhelm, Eitel Friedrich und Oscar sowie Freund Max Egon zu Fürstenberg gehörten zu den etwa 50 Hochzeitsgästen. Um 11.30 Uhr nahm der Bürgermeister von Doorn in der Halle des Hauses Doorn die bürgerliche Eheschließung vor. Ihr schloss sich um 12 Uhr die kirchliche Trauung durch Hofprediger Ludwig Vogel im Vestibül an. Bei der schlichten Trauung wurden wie bei ihrem Geburtstagsgottesdienst vor zwei Jahren die Lieblingschoräle Auguste Victorias gesungen: „Jesus, geh voran" und „So nimm denn meine Hände".

Die zweite Ehe erregte in Deutschland wegen der Popularität Auguste Victorias negatives Aufsehen. Einige von Wilhelms Kindern schlossen sich dem Unverständnis über die schnelle Wiederverheiratung des ehemaligen

Kaisers an. Damit hatte sich die Familie gespalten, was zu Lebzeiten der Mutter undenkbar gewesen wäre. Victoria Luise entschuldigte sich mit ihrer erneuten Schwangerschaft; es sei ihr nicht möglich, „der Hochzeitsfeier anzuwohnen, in dem Haus, in dem die liebe Mama so namenlos gelitten hat und von uns gegangen ist".

August Wilhelm hatte seinem Vater nach der Verlobung einen fast despektierlichen Brief geschrieben. In Deutschland würde man diese Heirat nicht verstehen. Er selbst kenne die Braut von früher und könne wegen ihrer charakterlichen Fehler die Wahl des Vaters nicht billigen. Der Vater soll den Brief wie folgt kommentiert haben: „Das ist echt mein Sohn Auwi. Tut nichts, kann nichts, bummelt durchs Leben und erlaubt sich an den Handlungen seines Vaters derartige Kritik." Wegen des in der Folgezeit wenig erfreulichen Briefwechsels kam „Auwi" 2 ½ Jahre nicht nach Doorn.

Die Getreuen – Bruder Heinrich, Dommes, Moltke, Max-Egon zu Fürstenberg, Gräfin Brockdorff – hielten auch jetzt zu Wilhelm. Mit einer Art Rechtfertigung beantwortete er am 22. Oktober den Glückwunsch der Gräfin: „Sie verstehen die ganz unglaublich noch nie dagewesene Lage, in der ich nun schon so lange schmachten muß, um meinen Schritt richtig zu beurteilen. Es ist eben über ‚meine Kraft'! Ich muß von Heimat, Haus, Kindern, Freunden, Bekannten, ja vom Grab der lieben Heimgegangenen getrennt, doch eine fühlende Seele haben, ein Herz, dem ich mich anvertrauen, einen Menschen, dem ich mich ausschütten kann; das kann kein Adjutant, Verwandter oder Bekannter sein! Ich muß einen Cameraden, einen Freund haben außer der Frau, und das will meine Braut mir sein. Ihrer Majestät Andenken will heilig gehalten und gepflegt werden wie bisher, meine Braut will alles vermeiden in ihren Bahnen zu wandeln. Wir haben das auch gleich äußerlich betont, indem wir gleich nach der Verlobung an der Kaiserin Bett standen und im Gebet ihren Segen herabflehten. Sie haben ganz recht! Sie betet weiter für uns und auch wird sie dankbar die Frau segnen, die ihren Wunsch und ihre Sorge erfüllt, mich nicht allein zu lassen. Sie wird jetzt gewiß mit mehr Ruhe auf Doorn herabschauen. Ich sorge dafür, daß ihr Andenken lebendig uns begleiten soll."

An das Versprechen, das Andenken der Verstorbenen zu ehren, hielten sich beide. Zu jedem Geburts- und Todestag ehrten sie Auguste Victoria mit Gedenkfeiern und schmückten das Sterbezimmer mit Blumen. Hermine verfasste eine Kurzbiografie ihrer Vorgängerin und schrieb das Vorwort zu dem 1933 erschienen Buch Paul Lindenbergs: „Kaiserin Auguste Victoria. Ein deutsches Volksbuch". Regelmäßig und fast beschwörend erinnerte der Vater seine Kinder mit eigenhändig aufgesetzten Telegrammtexten an die Gedenktage der Mutter wie beispielsweise 1926: „Im Geiste mit Euch im Mausoleum vereint. Mamas Segen begleitet Euch. Papa", oder „war mit Euch vereint im Mausoleum in Erinnerung an glücklichere Tage und schönere Zeiten! Papa". Sohn Oscar öffnete bis 1945 an den Gedenktagen von 12 bis 14 Uhr für Besu-

Blick von Auguste Victorias Sterbezimmer in den Park von Haus Doorn.

chergruppen den Antikentempel, den die Potsdamer Gartenverwaltung mit Blumen schmückte. Während man in Doorn des Todestages in einer Feier mit Abendmahl gedachte, hörte der Vater von den Kindern und Enkeln nichts dergleichen. Es waren die Getreuen, mit denen er Erinnerungen austauschte. 1923 antwortete er auf den Gedenkbrief der Gräfin Brockdorff: „Am 11. war herrliches Wetter wie vor zwei Jahren. Ich stellte Frühlingsblumen und blühende Zweige um und an ihr Bett in dem von Sonnen durchfluteten Raum, dazu einen prachtvollen Strauß von Hermo. Es war tiefer Frieden und selige Erinnerung bei aller Frühlingspracht und Vogelgesang, so rechte Osterstimmung, Auferstehung! [...] Mein Collektiv-Telegramm an meine Kinder nach Potsdam zum 11.IV. ist ohne jede Antwort geblieben, nicht Eines hat mir ein Wort telegraphiert! Wie schnell man doch vergessen wird! [...] Ihr treuer Wilhelm R." In seinem Testament verfügte er am 20. Juli 1934: „Haus Doorn, Mein langjähriger Wohnsitz in schwerer Zeit, birgt das Sterbezimmer meiner geliebten ersten Gemahlin, weiland Ihrer Majestät der Kaiserin und Königin Auguste Victoria. Ich erwarte, daß Meine Nachfolger in das Hausvermögen alles in ihren Kräften stehende thun, um Haus Doorn im Besitz des Königlichen Hauses zu erhalten, so weit das nach Lage der Verhältnisse möglich ist." Wilhelm fühlte sich trotz der zweiten Heirat Zeit seines Lebens eher als Witwer Auguste Victorias, denn als Ehemann Hermines.

Epilog: Was blieb?

Nach ihrem Tod blieb Auguste Victoria während der Zeit der Weimarer Republik in der Erinnerung der Deutschen verankert. Das unterschied sie von ihrer Vorgängerin, der Kaiserin Friedrich, die bereits am Ende ihres Lebens fast vergessen und von ihrer Nachfolgerin im Gedächtnis der Deutschen ersetzt zu sein schien. Für Auguste Victoria gab es keine Nachfolgerin, die ihren Platz hätte einnehmen können. In der Weimarer Republik gab es keine Erste Dame. Trotz des Frauenwahlrechts wurde die Republik allein von Männern repräsentiert. Auch deshalb blieb ihr Andenken weitgehend unangetastet. Einige der mit der Kaiserin verbundenen Institutionen wechselten die Trägerschaft und legten ihren Namen ab. Die Potsdamer Pfingstkirchengemeinde entschied sich anders. In Anwesenheit Auguste Victorias war die damalige Pfingstkapelle am 15. Oktober 1894 eingeweiht worden. Mit einem Gottesdienst in dieser Kirche hatte sich die Kaiserin im November 1918 von Pfarrer Krumnow, der Gemeinde und den Anwesenden verabschiedet. Zu ihrem ersten Todestag am 11. April 1922 benannte sich die Kirche um. Sie hieß nun 26 Jahre hindurch Kaiserin-Auguste-Victoria-Gedächtniskirche.

Die ehemalige Königsfamilie beachtete die von der Kaiserin zu ihren Lebzeiten vertretenen Werte merklich weniger. Familienrechtliche Vorgaben wurden relativiert. Als mittelbare Folge von Joachims Freitod wurde das Hausgesetz durch das neue Familienrecht der Republik infrage gestellt. Joachims Witwe stritt nach ihrer Genesung von einer Lungenkrankheit vor dem Landgericht mit dem Königshaus um das Aufenthaltsbestimmungs- und Sorgerecht für den Sohn (Karl) Franz Joseph. Das Verfahren endete mit einem Vergleich: Das durch Prinz Oscar vertretene Haus verzichtete auf das ihm nach Hausgesetz und Ehevertrag zustehende Sorgerecht zugunsten der Mutter. Dafür gestand das Gericht dem Haus einen Einfluss auf Bildung und Erziehung des Kindes zu.

Auch die vermögensrechtliche Seite erfuhr durch die Artikel 109 und 155 der Weimarer Reichsverfassung entscheidende Veränderungen. Die in Artikel 109 festgeschriebene Aufhebung aller Standesvorteile des Adels hatte die in Artikel 155 verfügte Auflösung des sogenannten Fideikommiss' zur Folge. Bisher blieb das in der Form des Fideikommiss' festgelegte Vermögen unantastbar und wurde ungeteilt an den jeweiligen Hauschef übergeben. Diesem stand nur die Nutzung zu. Jetzt sollte das ehemals gebundene Vermögen in freies Vermögen des letzten Besitzers umgewandelt werden. Dieser würde damit auch wie ein Erbe für alle Schulden haften, die auf dem Fideikommiss liegen. Da Auguste Victorias kinderloser Bruder Ernst Günther noch vor der Schwester starb, blieb der Augustenburger Fideikommiss zunächst unangetastet, zumal einige Landesgesetze nur von einer freiwilligen Umwandlung ausgingen. Ihn erbte Ernst Günthers Neffe, Christians Sohn Albert. Mit seinem Tod 1931 starb der letzte männliche Augustenburger. Schloss Primkenau fiel an Ernst Günthers Adoptivsohn. Ein Gesetz von 1938 verfügte die endgültige Auflösung noch vorhandener Fideikommisse. Das heute zu Polen gehörende Schloss wurde im Krieg zerstört. Das an Ernst Günthers Witwe gefallene freie Vermögen hatte diese in wenigen Jahren aufgebraucht, die Herrschaft Primkenau verfiel der Zwangsversteigerung, um die Schulden Dorotheas zu decken. Von Auguste Victorias Herkunftsfamilie, dem Augustenburger Haus, war wenige Jahre nach ihrem Tod nichts geblieben, kein Besitz, kein Namensträger. Allein das Primkenauarchiv wurde gerettet – gemäß Alberts Testament kam es in das Archiv der Landesbibliothek Kiel.

Ein derartiges Schicksal des festgelegten Vermögens sollte für das Haus Brandenburg-Preußen, so nannten sich die Hohenzollern jetzt, vermieden werden. Wilhelm reagierte auf die Gesetzesänderung mit einer Änderung des Hausgesetzes, die alle männlichen Mitglieder des Hauses unterschrieben. Danach wurde das bisherige preußische Fideikommiss zum frei verfügbaren Vermögen des Hausgutinhabers, der sich jedoch zur Erfüllung der Leistungen an die Familienmitglieder nach dem bisherigen Hausgesetz verpflichtete. Auch die Nachfolgefrage war neu zu regeln. Dabei trug Wilhelm II. ebenfalls der neuen Rechtslage Rechnung. Nachfolgeberechtigt war nach dem revidierten Hausgesetz nur der auf Kaiser Friedrich III. zurückgehende Mannesstamm nach dem Recht der Erstgeburt und der agnatischen Linealfolge. Somit wurden die Nachkommen eines möglichen vorehelichen Sohnes von Wilhelm I. mit der Schauspielerin Edwina Viereck von der Erbfolge ausgeschlossen.

Während der Weimarer Republik ruhten die Versuche nicht, Menschen in Führungspositionen für eine Wiedereinführung der Monarchie zu gewinnen. So stand beispielsweise der Konteradmiral a.D. Kapitänleutnant Magnus von Levetzow seit dem 1. Oktober 1928 mit 2.000 Reichsmark monatlich auf Wilhelms Gehaltsliste. Er leitete die gesamte monarchische Propaganda in Deutschland. Im Mai/Juni 1923 hatte er sich während eines sechswöchigen Aufenthalts in Doorn durch die Entwicklung eines Plans zur Wiederherstellung der Monarchie in Deutschland mit Hilfe eines Diktators empfohlen. Selbst die Kandidatur Levetzows für den Reichstag als Abgeordneter der NSDAP hatte Wilhelm am 1. Juli 1932 noch gebilligt. Aber im Dezember 1932 entzog er dem Kapitänleutnant das Gehalt, da er als NSDAP-Abgeordneter nicht mehr für ihn arbeiten könne. Am Ende der Weimarer Republik träumte Wilhelm trotz der gegenteiligen Bemühungen seiner Frau Hermine

Auguste Victorias Sohn Adalbert, Schwiegertochter Adelheid von Sachsen-Meiningen, Enkel Viktoria Marina und Wilhelm Viktor in der Villa Adelheidswerth in Bad Homburg, um 1921.

und seines Sohnes August Wilhelm nicht mehr von einer Rückkehr als Kaiser mit Hitlers Hilfe. Wie viele monarchisch Gesinnte hatte Wilhelm II. die erste deutsche Republik als eine Art Zwischenstaatsform betrachtet, die noch Chancen für seine Rückkehr bot. Jetzt sah er keine realistische Chance mehr für sich oder seinen Sohn. Er schlug auch die ihm 1925 eröffnete Möglichkeit aus, als Privatmann im Bad Homburger Schloss zu leben, die ihm der Vertrag über die Vermögensauseinandersetzung zwischen dem preußischen Staat und seinem Haus eröffnet hatte. Paragraf 7 (1) lautet: „Der Staat stellt dem vormals regierenden König Wilhelm II. auf etwaigen Wunsch Schloß und Park zu Homburg v.d.H. als Wohnsitz für ihn und seine Gemahlin auf Lebenszeit beider zur Verfügung.“

Obwohl Sohn Adalbert mit seiner Familie in Bad Homburg wohnte, die Schwester Margarethe im benachbarten Schönberg-Kronberg lebte und er einige durch seine Initiative geförderten Bauwerke – Saalburg, Erlöserkirche, Kaiser-Wilhelm-Bad, Fürstenbahnhof, Frankfurter und Wiesbadener Opernhaus – in gut erreichbarer Entfernung vorgefunden hätte, verzichtete er. Seine Kaiserträume waren verflogen; die Ahnung von dem, was über Deutschland kommen könnte, ließ ihn für den eigenen Lebensabend das niederländische Exil vorziehen. Für seine zweite Frau erwog er im Testament vom 20. Juli

1934 eine Wohnsitznahme in Bad Homburg: „Falls Ihre Majestät die Königin und Kaiserin Hermine es wünschen sollte, ist Ihr anstatt dessen [gemeint ist das Absteigequartier im Berliner Kaiser-Wilhelm-Palais] ein gleichartiges Absteigequartier im Schloß zu Homburg vor der Höhe nach Wahl Ihrer Majestät bereitzustellen." Besonders am Herzen lag ihm auch das Schicksal seines Kaiser-Wilhelm-Kinderheims in Ahlbeck, das er im Testament von 1934 zu regeln suchte. In § 11 bestimmte er am 19. Juli 1934: „Mein Kaiser-Wilhelm-Kinderheim ist möglichst als solches zu erhalten und dem Reichswehrministerium oder dem Deutschen Reichskriegerbund Kyffhäuser oder dem Deutschen Roten Kreuz gegen die Übernahme der aus Mitteln meiner Schatulle gemachten Aufwendungen zu übereignen. Aus der Erstattung der Aufwendungen sollen meine Testamentsvollstrecker den seit der Gründung des Heimes tätigen Heimangestellten einschließlich der Oberin angemessene Unterstützung gewähren."

Auch das nationalsozialistische Regime fürchtete noch immer eine mögliche Identifikation von Teilen der Bevölkerung mit dem letzten Kaiserpaar. Drei Beispiele belegen das. Wo es nicht gelang, Identifikationsfiguren der Kaiserzeit für den Nationalsozialismus zu vereinnahmen, begann man mit ihrer Verdrängung aus dem öffentlichen Bewusstsein durch die Inszenierung neuer Helden. Neben Hitler war Horst Wessel eine der Figuren, die über die Umbenennung von Straßen und Plätzen in das kollektive Gedächtnis Einzug halten sollten. „Kaiserstraßen" bekamen den Namen des „Führers", aus dem Wilhelmplatz wurde der Horst-Wessel-Platz. Die neuen Mehrheiten in den kommunalen Gremien duldeten gegen diese Maßnahmen keinen Widerstand.

Das markanteste Beispiel für die anhaltende Verankerung Auguste Victorias im Gedächtnis der Bevölkerung lieferte die zweite Hochzeit Hermann Görings. „Der erste Hochzeitstermin mußte verschoben werden", berichtet die Frau des NS-Politikers und damaligen preußischen Ministerpräsidenten in ihren Memoiren, „weil das vorgesehene Datum mit dem Todestag der letzten deutschen Kaiserin zusammenfiel. [...] Es widerstrebte mir auch, gerade an einem solchen Tag mein Glück so öffentlich zur Schau zu stellen. Lebte doch in Berlin noch immer ein Stück ‚Monarchie' und war die Erinnerung an die einst sehr beliebte Kaiserin noch lebendig." 1935 mussten die nationalsozialistischen Machthaber also immer noch auf die Erinnerung an die vor vierzehn Jahren verstorbene Kaiserin Rücksicht nehmen! Doch nicht aus Rücksicht auf die tote Auguste Victoria wurde der Hochzeitstermin verlegt, sondern aus Angst um die ungeteilte öffentliche Aufmerksamkeit. Auguste Victoria wurde als so ernsthafte Konkurrentin für das öffentliche Interesse angesehen, dass selbst die „Staatsschauspielerin" Emmi Sonnemann sich dem Ansehen der Toten unterlegen fühlte. Es gab noch niemanden, der das von der Kaiserin hinterlassene Vakuum ausfüllen konnte. Dafür wurde dann Magda Goebbels ausersehen.

Zu Beginn des Zweiten Weltkrieges 1939 befanden sich neben Auguste Victorias Sohn Oscar als Regimentskommandeur auch zwölf ihrer Enkel an der Front. Von ihnen war der 24-jährige Oskar bereits am 5. September 1939 in Polen gefallen. Am 26. Mai 1940 starb ihr ältester Enkel Wilhelm, der Sohn des Kronprinzen, an der Kriegsverwundung, die er in Nordfrankreich erhalten hatte. An der Trauerfeier in der Potsdamer Friedenskirche und der Beisetzung im Antikentempel bei seiner Großmutter nahmen 50.000 Menschen teil. Die machtvolle, spontane Demonstration, ein Aufbäumen nicht nur der Anhänger der Monarchie gegen das rigorose NS-Regime, galt Großmutter und Enkel. Hitler veranlasste als Antwort darauf den sogenannten Prinzenerlass, der zunächst Fronteinsätze von Hohenzollernprinzen untersagte. Durch einen Geheimbefehl Hitlers wurde am 19. Mai 1943 der völlige Ausschluss aller Mitglieder ehemals regierender Fürstenhäuser aus der Wehrmacht angeordnet. Hitler, der in ständiger Angst vor möglichen Konkurrenten lebte und seinen Ruhm als „größter Feldherr aller Zeiten" keinesfalls teilen wollte, ließ der Öffentlichkeit suggerieren, man könne auf den Heldenmut fürstlicher Vaterlandsverteidiger verzichten. Auguste Victorias Familie sollte aus dem öffentlichen Bewusstsein verschwinden. Deshalb wurde auch Angehörigen der Wehrmacht untersagt, ihres früheren Dienstherrn an dessen 80. bzw. 85. Geburtstag mündlich oder schriftlich zu gedenken. Als jedoch Wilhelm II. am 4. Juni 1941 verstarb, versuchte Hitler sich seiner zu bemächtigen. Er wünschte ein Staatsbegräbnis in Potsdam. Das aber konnten die Getreuen verhindern und wenigstens Teile der testamentarischen Verfügungen vom 25. Dezember 1933 durchsetzen. Wilhelm hatte, falls er im Exil sterben sollte, die Beisetzung in Doorn gewünscht: „Die Feier schlicht, einfach, still, würdig. Keine Deputationen von zu Hause, keine Hakenkreuzfahnen, keine Kränze [...]." In den besetzten Niederlanden konnten nicht alle Wünsche des ehemaligen Kaisers erfüllt werden. Hitlers Beauftragter legte einen nicht übersehbaren Kranz von fast zwei Metern Durchmesser nieder.

Der tatsächliche Bruch mit der Monarchie geschah erstaunlicherweise weitgehend ohne äußeren Zwang mit dem Zusammenbruch im Mai 1945. Das altersbedingte Wegsterben der Generation, die Auguste Victoria und ihre Familie vor 1918 erlebt hatte, begünstigte den Bruch. Schwester Luise Sophies Tochter Viktoria Margarethe war 1923 gestorben. Ihr folgte 1927 der Sohn Karl Friedrich und schließlich 1931 ihr Ehemann Friedrich Leopold von Preußen. Auguste Victorias 1920 gestorbenem Sohn Joachim folgten seine Brüder Eitel Friedrich 1941, Adalbert 1948 und August Wilhelm 1949 sowie der Schwiegersohn Ernst August 1953. Zwei ihrer Enkel waren im ersten Kriegsjahr gefallen. Die ehemalige vor allem in Potsdam ansässige preußische Großfamilie hatte sich, aufgelöst in Kleinfamilien, in alle Winde zerstreut. Viele der steinernen Zeugen des Kaiserreichs waren zerstört, wurden enteignet oder dienten einem neuen Zweck.

1945 ereignete sich mehr als ein emotionaler Bruch mit der Monarchie; der Bruch galt der Vergangenheit und damit der Geschichte. Die Siegermächte ordneten einen Entmilitarisierungs- und Demokratisierungsprozess an. Viele Deutsche waren durch ihre Beteiligung oder Duldung der Verbrechen des nationalsozialistischen Regimes dafür diskreditiert. Der Neuanfang stützte sich auf die Mithilfe nachgewiesener Gegner des Hitlerregimes. Das waren vor allem von dem „Gesetz zur Wiederherstellung des Berufsbeamtentums" betroffene Menschen. Frühere Anhänger einer monarchischen Staatsform hatten sich wie auch Teile des Adels lange Zeit mindestens teilweise in der Nähe des Nationalsozialismus bewegt und damit nicht nur sich selbst, sondern auch ihre längst verstorbenen Vorfahren ins Zwielicht gebracht. Besonders dort, wo Auguste Victoria aufgewachsen war und gelebt hatte, wurden sichtbare Erinnerungen entfernt und Straßen, Plätze und Einrichtungen umbenannt, denn wieder neue Helden waren zu bedenken. Auch die Potsdamer Kaiserin-Auguste-Victoria-Gedächtniskirche legte durch Beschluss des Kirchenvorstandes den Namen der Kaiserin ab, um ab Pfingstsonntag 1948 wieder den ursprünglichen Namen „Pfingstkirche" anzunehmen.

Nicht nur in der sowjetisch besetzten Zone und später in der DDR entledigte man sich des historischen Ballasts. Auch beispielsweise Hessen beteiligte sich daran, ohne den Einzelfall zu prüfen. Das nahm derartige Ausmaße an, dass sich das Regierungspräsidium Darmstadt bereits in der zweiten Ausgabe seines „Mitteilungsblattes" am 28. August 1945 zu folgender Verlautbarung veranlasst sah: „Die deutsche Regierung des Landes Hessen weist darauf hin, daß es sich nicht empfiehlt, zu viele Straßen nach Personen zu benennen. Von einer Benennung nach lebenden Personen soll Abstand genommen werden. Auf der anderen Seite ist es nicht angebracht, eingelebte Straßennamen zu beseitigen. Das gilt z.B. auch für die nach dem letzten Großherzog benannten ‚Ernst-Ludwig-Straßen'." Schulen wurden nicht erwähnt. Da sie ihren Betrieb noch nicht wieder aufgenommen hatten, bestand dafür kein aktueller Anlass. Warum in der frühen Nachkriegszeit besonders die Erinnerung an Auguste Victoria zu leiden hatte, soll an einer Homburger Schule beispielhaft für die Vorgänge in vielen anderen Orten gezeigt werden.

Zu Bad Homburg hatte die letzte deutsche Kaiserin eine besonders enge Beziehung. Deshalb entsprach Wilhelm II. 1903 dem Wunsch des damaligen Direktors der höheren Mädchenschule, dass diese als erste Schule in Deutschland den Namen seiner Frau tragen durfte. Enkelin Victoria Marina besuchte in den Dreißigerjahren die nach der Großmutter benannte Schule. In der Weimarer Zeit hatte man dem Schulnamen noch die Bezeichnung von Schulträger und Schulform zugefügt: „Kaiserin-Auguste-Victoria-Schule, Städtisches Lyzeum für Mädchen". Nach der NS-Schulreform wurde 1937 die Bezeichnung in „Städtische Oberschule für Mädchen" geändert, der Schulname selbst blieb unverändert. Erst 1945 hielt es eine frühere Schülerin, die von 1907 bis 1917 die Schule besucht und anschließend eine Ausbildung nach der 1908 von der Kaiserin durchgesetzten Reform der Lehrerinnenausbildung absolviert hatte, für angebracht, die Schule nach 42 Jahren ihres Namens zu berauben. Die Erklärung dafür offenbart die Irrationalität des Vorgangs. Frau S. hatte sich geärgert, dass die Kaiserin trotz ihrer häufigen Anwesenheit in Bad Homburg nie oder fast nie in der Schule vorbeigeschaut habe. Als Verbindungslehrerin zur amerikanischen Besatzungsmacht schlug sie 1945 vor, den Schulnamen zu tilgen und nur noch die Bezeichnung von 1937 zu benutzen. Lange Zeit wagte offenbar niemand einen Einspruch. Frau S. war Betroffene des Gesetzes zur Wiederherstellung des Berufsbeamtentums, Mitbegründerin der örtlichen CDU, Mitglied der Schuldeputation, Mitglied des erweiterten Vorstands des örtlichen Deutschen Frauenrings und galt als äußerst durchsetzungsfähig. Wer hätte da gewagt, sich für eine längst verstorbene Kaiserin zu engagieren! Dennoch fragte der Magistrat 1947 bei der Schuldeputation an, welchen Namen die Kaiserin-Auguste-Victoria-Schule nun tragen solle. Am 27. November 1947 beschloss die Schuldeputation: „Dem Magistrat werden folgende zwei Vorschläge für die Neubenennung der Kaiserin-Auguste-Victoria-Schule unterbreitet: 1. Realgymnasium für Mädchen; 2. Auguste-Victoria-Schule." Es ist nicht bekannt, was oder wer die Anfrage an die Schuldeputation initiierte und wie der Magistrat den Vorschlag beriet. Doch allein die Anfrage belegt, dass nicht alle die von Frau S. in Zeitungen und Festschriften verbreitete Version teilten, die Schule habe von sich aus ihren Namen „abgelegt". Wäre es Frau S. um die Beseitigung einer nicht-demokratischen Vergangenheit gegangen, hätte sie als Verbindungslehrerin zur amerikanischen Besatzungsbehörde auch auf eine Namensänderung des benachbarten Jungengymnasiums dringen müssen. Das aber heißt noch heute nach der Kaiserin Friedrich. Seit dem Verschwinden des Schulnamens der letzten deutschen Kaiserin bemühen sich Historiker und Stadthistorikerinnen immer wieder, in Veröffentlichungen an Auguste Victoria und ihr Wirken in Bad Homburg zu erinnern. Die Hintergründe der Angelegenheit scheinen noch heute so peinlich zu sein, dass man sie im Dunkeln lässt.

Völlig anders handelten Sangerhausen in Sachsen-Anhalt und Gotha in Thüringen. Auguste Victoria war als Schirmherrin des Rosariums eine Statue gestiftet worden, die am 9. Juli 1913 aufgestellt wurde. Sie überstand den Krieg unbeschadet. Der russische Stadtkommandant fand die dargestellte Frau schön und beließ sie deshalb an ihrem angestammten Platz. Erst nach der Gründung der DDR entschied die Bezirksverwaltung in Halle im April 1950, die Statue sei aus ideologischen Gründen zu entfernen. Aber die Sangerhäuser zerstörten sie nicht, sondern vergruben sie. Nach mehr als dreißig Jahren erinnerte man sich ihrer. Der Denkmalschutz Halle ließ sie ausgraben und reinigen. Seit dem Sommer 1983 steht die Statue der letzten deutschen Kaiserin wieder im Rosarium.

Gedenktafel am Augustenburger Palais in Gotha.

Auch in Gotha hatte man die Gedenktafel belassen, die sich seit den Dreißigerjahren am Augustenburger Palais befand: „Hier verlebte unsere unvergessene Kaiserin Auguste Victoria ernste aber doch glückliche Jugendjahre.“ Etwa vierzig Jahre blieb sie unbehelligt von allen politischen Strömungen an ihrem Platz. Erst zu Anfang der Siebzigerjahre wurde die Tafel wiederum aus ideologischen Gründen entfernt, aber nicht vergessen. 1994 brachte man eine originalgetreue Nachbildung am renovierten Palais an. Das Ansehen, das die ehemalige Kaiserin in Gotha auch lange nach ihrem Tod noch genoss, zeigte sich in der Namensgebung eines Auguste-Victoria-Weges im Schlosspark in der Nähe des Augustenburger Palais zum 1. Januar 1933. Doch dieser Weg wurde 1946 in Kurd-Laßwitz-Weg umbenannt.

Auguste Victorias 150. Geburtstag erscheint als geeigneter Anlass, sich intensiver mit ihr zu beschäftigen und sich der lange übersehenen Frau wieder zu erinnern.

Literaturhinweise

Feuerstein-Prasser, Karin: *Die deutschen Kaiserinnen 1871–1918,* München 2003.

Gundermann, Iselin: *Kaiserin Auguste Victoria und der Evangelische Hilfsverein,* Berlin 1993.

Hohenzollern, J.G. Prinz von und Max Liedke (Hg.): *Der weite Schulweg der Mädchen. Die Geschichte der Mädchenbildung als Beispiel der Geschichte anthropologischer Vorurteile,* Bad Heilbronn 1990.

Hornstein, Erika von: *Adieu Potsdam,* Berlin 1969.

Stöckel, Sigrid: *Säuglingsfürsorge zwischen sozialer Hygiene und Eugenik. Das Beispiel Berlins im Kaiserreich und in der Weimarer Republik,* Berlin 1996.

Toom, Friedhild den: *Wilhelm II. in Doorn,* Doorn 2000.

Dies.: *Hermine. Die zweite Gemahlin von Wilhelm II.,* Greiz 2007.

Vierhaus, Rudolf (Hg.): *Das Tagebuch der Baronin Spitzemberg,* Göttingen 1960.

Winzen, Peter: *Das Kaiserreich am Abgrund. Die Daily-Telegraph-Affäre und das Hale-Interview von 1908,* Stuttgart 2002.

Bildnachweis

Stadtarchiv Bad Homburg v.d.H.: Titelbild, Seite 38, 47, 57, 59, 61, 86, 114, 119

Bildarchiv Preußischer Kulturbesitz Berlin: Seite 30, 39, 41, 44, 68, 82, 84

Geheimes Staatsarchiv Berlin: Seite 66, 78, 81, 106

Staatsarchiv Coburg: Seite 29

Verein für Stadtgeschichte und Altstadterhaltung Gotha e.V.: Seite 16, 25, 124

Staatliche Schlösser und Gärten Hessen: Seite 58, 83

Historisches Archiv Köln: Seite 92, 96, 100, 116

Sammlung Elizza Erbstößer: Seite 80

Ernst Pfeiffer: Poetische Nachschriften, Berlin 1925: Seite 93

Anna Wagemann: Prinzessin Feodora, Berlin 1932: Seite 19

Auguste v. Sachsen-Weimar (1811–1890) — ⚭ — **Wilhelm I.** (1797–1888)

Albert v. Sachsen-Coburg (1819–1861)

Friedrich III. (1831–1888) — ⚭

Wilhelm II. (1859–1941)

Wilhelm
(1882–1951)
⚭
Cecilie
v. Mecklenburg-Schwerin

1. Wilhelm
(1906–1940)
2. Louis Ferdinand
(1907–1994)
3. Hubertus
(1909–1950)
4. Friedrich
(1911–1966)
5. Alexandrine
(1915–1980)
6. Cecilie
(1917–1975)

Eitel Friedrich
(1883–1941)
⚭
Sophie Charlotte
v. Oldenburg

Adalbert
(1884–1948)
⚭
Adelheid
v. Sachsen-Meiningen

1. Victoria Marina
(1917–1981)
2. Wilhelm Viktor
(1919–1989)

August Wilhelm
(1887–1949)
⚭
Alexandra Victoria
von Glücksburg

1. Alexander Ferdinand
(1912–1985)

Edward v. Kent (1767–1820) — ⚭ — **Victoire v. Sachsen-Coburg** (1786–1861)

⚭ — **Victoria** (1819–1901)

Feodora (1807–1872) — ⚭ — Ernst zu Hohenlohe-Langenburg (1794–1860)

Victoria Princess Royal (1840–1901)

Adelheid v. Hohenlohe-Langenburg (1835–1900) — ⚭ — **Friedrich VIII.** (1829–1880)

⚭ — **Auguste Victoria** (1858–1921)

Oscar (1888–1958)
⚭
Ina
v. Bassewitz

1. Oskar
(1915–1939)
2. Burchard
(1917–1988)
3. Herzeleide
(1918–1989)
4. Wilhelm Karl
(1922–2007)

Joachim (1890–1920)
⚭
Marie Auguste
v. Anhalt

1. Karl Franz Joseph
(1917–1975)

Viktoria Luise (1892–1980)
⚭
Ernst August
v. Hannover

1. Ernst August
(1914–1986)
2. Georg Wilhelm
(1915–2006)
3. Friederike
(1917–1981)
4. Christian
(1919–1981)
5. Welf-Heinrich
(1923–1998)

Landgraf Friedrich II.
Der Prinz von Homburg

Holger Th. Gräf

ISBN 978-3-86680-237-7
14,90 € [D]

Konrad Duden
Schreibe, wie Du sprichst

Anke Goldberg

ISBN 978-3-86680-093-9
14,90 € [D]